GUIA BERLIM DE BICICLETA

Rapha.

PUBLIFOLHA

Criado por Andrew Edwards e Max Leonard, da Tandem London, estúdio gráfico, editorial e de impressão.

Agradecimentos a Mikkel Sommer pelas ilustrações; Katherine Hunt, da revista *Teller*, Jakob e Kasper Padberg, pelas atrações da cidade; e Paul Stubert pelas dicas sobre o mundo das corridas em Berlim.

Publicado originalmente no Reino Unido em 2013 por Thames & Hudson Ltd, 181A High Holborn, Londres WC1V 7QX.

Projeto gráfico de Andrew Edwards

Coordenação do projeto: Publifolha
Editora assistente: Andréa Bruno
Coordenadora de produção gráfica: Mariana Metidieri

Produção editorial: Página Viva
Coordenação: Carlos Tranjan
Tradução: Carlos Mendes Rosa
Preparação: Fátima Couto
Revisão: Angélica Errico Gomes
Diagramação: Sandra Tranjan

Dados Internacionais de Catalogação na Publicação (CIP)
(Câmara Brasileira do Livro, SP, Brasil)

Edwards, Andrew
Guia Berlim de bicicleta / Andrew Edwards, Max Leonard ; [tradução Carlos Mendes Rosa]. – São Paulo : Publifolha, 2014. – (Guias de viagem de bicicleta)

Título original: City cycling Berlin.
ISBN 978-85-7914-524-7

1. Aventuras e aventureiros 2. Berlim (Alemanha) - Descrição e viagens - Guias 3. Turismo de bicicleta I. Leonard, Max. II. Título. III. Série.

14-00605 CDD-796.64

Índices para catálogo sistemático:
1. Viagens de bicicleta : Guias 796.64

Este livro segue as regras do Acordo Ortográfico da Língua Portuguesa (1990), em vigor desde 1º de janeiro de 2009.

Impresso na Everbest, China.

PUBLIFOLHA
Divisão de Publicações do Grupo Folha
Al. Barão de Limeira, 401, 6º andar
CEP 01202-900, São Paulo, SP
Tel.: (11) 3224-2186/2187/2197
www.publifolha.com.br

Foi feito o possível para garantir que as informações deste livro fossem as mais atualizadas disponíveis até o momento da impressão. No entanto, alguns dados como telefones, preços, horários de funcionamento e informações de viagens estão sujeitos a mudanças. Os editores não podem se responsabilizar por qualquer consequência do uso deste guia nem garantir a validade das informações contidas nos sites indicados.

Os leitores interessados em fazer sugestões ou comunicar eventuais correções podem escrever para a Publifolha, Al. Barão de Limeira, 401, 6º andar, CEP 01202-900, São Paulo, SP, ou enviar um e-mail para: atendimento@publifolha.com.br

SUMÁRIO

FREE
YOUR
MIND

COMO USAR ESTE GUIA

Guia Berlim de bicicleta é o livro perfeito para orientar você pela capital alemã de um jeito saudável e muito divertido. Para ajudá-lo a se locomover pela cidade, dispusemos na orelha da capa um mapa de localização dividido em cinco áreas: Mitte *(p. 10)*, Prenzlauer Berg *(p. 16)*, Kreuzberg e Kreuzkölln *(p. 22)*, Charlottenburg *(p. 28)* e Wedding *(p. 34)*. Em todas elas é fácil transitar de bicicleta e encontrar muitos cafés, bares, galerias, museus, lojas e parques. Cada área possui um mapa detalhado, no qual estão marcadas as nossas recomendações de locais de interesse e de locais para se reabastecer de café e comida, além de pontos onde há conexão Wi-Fi. Dê uma volta de bicicleta e veja o que é mais atrativo para você.

Os mapas das regiões também oferecem rotas de bicicleta, bicicletarias, pontos de referência e locais específicos num grande trecho do centro da cidade – tudo de que você necessita para pedalar com segurança. Se você prefere um itinerário predeterminado, recorra a "Um dia de bicicleta", na parte interna da capa, roteiro que sugere um percurso tranquilo de 32km e atravessa partes de Berlim que não são abordadas nas seções dos bairros, mas que passam por alguns dos pontos mais turísticos da cidade. Escolha as partes que mais lhe interessam, inverta o caminho se quiser e aproveite a rota do jeito que for melhor para você.

A seção "Corrida e treino" *(p. 40)* deixa você por dentro da herança ciclística de Berlim e dá sugestões de passeios mais longos, caso você queira explorar a beleza natural nos arredores da cidade. Já "Informações essenciais" *(p. 44)* oferece dicas sobre a conduta no trânsito e revela os prós e contras de usar as rotas ciclísticas de Berlim. Por fim, "Sites e endereços" *(p. 48)* fornece dados adicionais de que você pode precisar.

BERLIM DE BICICLETA

Pedalar por Berlim significa circular por um lugar em constante transformação desde a reunificação da Alemanha, em 1991. Berlim é uma cidade que se redesenhou para criar um centro político, cultural e artístico onde, no espaço de um dia, você pode saborear um farto brunch (importantíssimo para os berlinenses!), antes de impulsionar os pedais para se maravilhar com um monumento comunista e depois seguir para uma galeria de arte de alto padrão ou mergulhar num lago, antes de se deliciar com a culinária internacional e usufruir uma das melhores vidas noturnas da Europa. Porém, se isso parece movimentado demais, não se preocupe: também se pode matar o tempo em uma *Biergarten* (cervejaria ao ar livre), comendo uma famosa *Currywurst* ou relaxando num parque.

Berlim é um lugar extremamente agradável, e no verão seus moradores preferem se descontrair em uma de suas muitas áreas verdes. Trata-se de uma das cidades mais arborizadas que existem – como se uma cidade pequena tivesse sido espichada para ocupar uma superfície bem maior e se preenchessem as lacunas com árvores e parques. Aonde quer que se vá tem-se uma grande sensação de espaço. É provável que você pedale distâncias bem maiores em Berlim do que na sua cidade, mas nem vai notar, de tão agradável, rápido e descomplicado que é. Apesar de haver grande número de carros nas ruas, fica óbvio, assim que se chega, que é uma cidade onde existem muitos ciclistas. Andar de bicicleta é seguro e bastante prazeroso, mas observe as distâncias e consulte o tempo de viagem indicado nos mapas deste guia. Em geral, os motoristas são cordiais e atentos aos ciclistas, mas na maior parte do tempo ambos nem se cruzam.

Os bombardeios aliados ocorridos na cidade durante a Segunda Guerra Mundial, e a ânsia dos comunistas após a guerra por pompa e circunstância, resultaram em ruas e calçadas extremamente largas, de modo que, ao pedalar pelo Karl-Marx-Allee, pela Unter den Linden ou por partes de Charlottenburg, o panorama provoca um sentimento de real grandiosidade. Aproveitando todo esse espaço, os urbanistas quase sempre se lembraram de equipar esses longos bulevares com belas ciclovias separadas, pavimentadas com um tijolo diferente, dividindo o espaço com pedestres, não com os veículos motorizados. Isso foi produto de um plano de revitalização de 2004, que promoveu uma visão ambientalista do transporte e considerou os problemas de mobilidade dos berlinenses, abrindo aos ciclistas ruas de mão única e becos sem saída, integrando o ciclismo aos transportes públicos e estimulando as câmaras e entidades habitacionais a providenciar vagas de estacionamento para bicicletas.

Outra vantagem: a cidade é plana. Na maior parte do tempo, as ruas ficam quase ao nível do rio Spree, que serpenteia pelo fértil planalto baixo em que se ergue Berlim. Não use o rio para se orientar, pois suas curvas confundem; confie mais nos diversos canais, como o Landwehrkanal, que divide Kreuzberg. Também são úteis os vários pontos de referência, entre eles o Reichstag (veja "Um dia de bicicleta") e a Hauptbahnhof; particularmente a Fernsehturm ("Um dia de bicicleta"), torre de TV perto da Alexanderplatz, no coração da ex-Berlim Oriental, se destaca no horizonte e é uma referência quase constante. Hoje, ao redor da Potsdamer Platz, na ponta sudeste do enorme e arborizado Tiergarten *(p. 29)*, há um grupo de vistosos edifícios modernos de multinacionais, que também ajudam na localização. Todavia, o que mais impressiona é a Fernsehturm – um lembrete onipresente da história da cidade –, assim como a arquitetura variada pela qual você passa de bicicleta, pois cada esquina lembra os acontecimentos importantes que Berlim atravessou.

Porém, na cidade existe muito mais que história. Os berlinenses não vivem no passado, e os visitantes também não precisam disso. Suba na bicicleta e, pedalando, descubra esse lugar criativo, cosmopolita, pacífico, etnicamente diversificado, que gosta de ser conhecido e recompensa quem o faz.

ÁREAS

MITTE

HISTÓRIA, COMPRAS E GALERIAS

O Mitte (literalmente, "meio"), antigo bairro central de Berlim, é delimitado a oeste pelo Tiergarten *(p. 29)*, a leste pela Alexanderplatz, ao norte pela Nordbahnhof e ao sul pelo Checkpoint Charlie (veja "Um dia de bicicleta") – aliás, mais ou menos o traçado do Muro de Berlim. Antes da Segunda Guerra Mundial, o Mitte era o centro de uma cidade de cultura vibrante; depois, dilacerado pela divisão, tornou-se a beirada oeste de Berlim Oriental. Após duas décadas de revitalização e aburguesamento, é difícil reconhecer o antigo trajeto do Muro – porém, se você olhar para o chão enquanto pedala, vai notar que o Muro está assinalado por uma fileira dupla de pedras nas ruas e nas calçadas que ele cortava.

Trata-se de uma transformação milagrosa, a não ser, talvez, na Potsdamer Platz. Outrora epicentro da chocante cultura dos cafés de Weimar, a praça foi arrasada por bombardeios na guerra e, após 1945, passou a ser considerada terra de ninguém entre leste e oeste. Foi lá que, como se diz, alguns dos melhores arquitetos do mundo – Renzo Piano, Helmut Jahn, Richard Rogers – fizeram alguns de seus piores trabalhos, mas hoje ela ainda é considerada uma terra de ninguém. Se você estiver no centro ou na zona oeste do Mitte, recomendamos o **DDR Museum** ①, outrora "museu europeu do ano", que dá aos visitantes um vislumbre da vida cotidiana na Deutsche Demokratische Republik (República Democrática Alemã). Se quiser mais atrações históricas e museus no Mitte, consulte "Um dia de bicicleta". Aqui nos concentraremos na parte nordeste da região, na Rosa-Luxemburg-Platz e em suas redondezas, onde os moradores e visitantes do Mitte rejuvenescido vão comer, beber, comprar e relaxar.

A primeira parada, **Buchhandlung Walther König** ②, é uma livraria especializada em arte e fotografia, logo atrás da interessante **Hackescher Markt** ③, antiga praça do mercado hoje celebrada por sua vida noturna. A Walther König tem uma filial na **Hamburger Bahnhof** ④, uma ex-estação de trem que hoje abriga o Museu de Arte Contemporânea da Galeria Nacional. Também perto do Hackescher Markt se encontra o **Buchstabenmuseum** ⑤ (Museu de Tipografia), e se você está a fim de artes, artesanato e design de ponta, vá à **Direktorenhaus** ⑥, perto da Alexanderplatz. Já quem se interessa por moda deve se dirigir ao **Apartment** ⑦, que, escondido no andar térreo de uma galeria, é em si uma instalação. A **Yuu Shop** ⑧, por outro lado, vende roupas da estação anterior, desenhadas por estilistas europeus como Dries Van Noten e Martin Margiela. Se você não se importa de comprar no verão seu guarda-roupa de inverno, aproveite as pechinchas.

Se o seu interesse é design, tome o rumo da **The Early Bird Hype** ⑨, loja ousada e colorida que sempre tem exposições fotográficas. Mais adiante na rua está **Do You Read Me?!** ⑩, que conta com grande variedade de livros e revistas de arte e design internacionais. Com menos ênfase em revistas, outra livraria, a **Pro QM** ⑪, tem um dos maiores estoques de livros de arquitetura, arte e fotografia. A **Gestalten Space** ⑫ mistura espaço de galeria com livraria, e a **Me Collectors Room** ⑬, na Auguststraße, é um dos novos lares da arte na cidade e exibe a coleção particular de Thomas Olbricht, com obras que vão do século XVI ao XXI. Existem muitas galerias particulares na vizinhança: a **Neugerriemschneider** ⑭ é uma das mais destacadas, representando nomes internacionais como Ólafur Elíasson; e a **Galerie Christian Nagel** ⑮ também é muito reconhecida. Antiga loja de departamentos transformada em república artística, a **Kunsthaus Tacheles** ⑯, na Oranienburger Straße, remete ao passado boêmio da região. Anteriormente sede de estúdios de pintores e escultores, além de vitrine de um acervo dinâmico de suas obras (de qualidade variada), a casa foi fechada para passar por reformas e seus moradores foram despejados. Admire esse marco arquitetônico enquanto ainda existe.

Para comer por esses lados, o **Cocolo** ⑰ faz uma ótima sopa japonesa de lamen. Mas, se você quiser algo mais tradicional (e pesado), tente o eterno favorito **Schwarzwaldstuben** ⑱, que serve pratos suábios, do Sul da Alemanha – excelentes *Schnitzel*, batatas e cerveja. E, para beber perto das galerias e das lojas, experimente o **Bar 3** ⑲ ou o **Clärchens Ballhaus** ⑳, antigo salão de dança que possui um belo jardim. Para encerrar o dia em alta, procure o **Tausend** ㉑, bar chique, estiloso, sem placa, aninhado embaixo dos arcos da ferrovia.

PARA DESCANSAR

COMIDA	BEBIDA
Babanbè ㉒, ponto da moda de culinária fusion, tem *bánh mì* (sanduíche vietnamita).	**Strandbad-Mitte** ㉓ é um bar tradicional com terraço ensolarado.

WI-FI

Sankt Oberholz ㉔ é uma casa para os freelancers de Berlim.

NORDBAHNHOF
NATURKUNDEMUSEUM
HABERSAATHSTRASSE
ZINNOWITZER STRASSE
AM NORDBAHNHOF
SCHARNHORSTSTRASSE
SCHWARZER WEG
HESSISCHE STRASSE
EICHENDORFFSTRASSE
SCHLEGELSTRASSE
CHAUSSEESTRASSE
TIECKSTRASSE
NOVALISSTRASSE
HANNOVERSCHE STRASSE
SANDKRUGBRÜCKE
4
FRIEDRICH-LIST-
ALEXANDERUFER
BONHOEFFERWEG
HUFELANDWEG
LUISENSTRASSE
FRIEDRICHSTRASSE
16
ORANIENBURGER
ORANIENBURGER TOR
JOHANNISSTR
KALKSCHEUNENSTRASSE
PTBAHNHOF
VIRCHOWWEG
SCHUMANNSTRASSE
REINHARDTSTRASSE
AM ZIRKUS
KAPELLE-UFER
LUDWIG-ERHARD-UFER
MARGARETE-STEFFIN-STRASSE
CHARITÉSTRASSE
WEIDENDAMMER BRÜCKE
AM WEIDEN
KRONPRINZENBRÜCKE
MARIENSTRASSE
PLANCKSTRASSE
21
BRANDT-STRASSE
KONRAD-ADENAUER-STRASSE
BUNDESTAG
SCHIFFBAUERDAMM
REICHSTAGUFER
FRIEDRICHSTRASSE
GEORGENS
PAUL-LÖBE-ALLEE
PLATZ DER REPUBLIK
MARSCHALLBRÜCKE
BUNSENSTRASSE
SCHADOWSTRASSE
DOROTHEENSTRASSE
SCHEIDEMANNSTRASSE
SIMSONWEG
YITZHAK-RABIN-STRASSE
UNTER DEN LINDEN
PARISER PLATZ
BRANDENBURGER TOR
ROSMARIN
VERSUCHSTUNNEL FÜR BELEUCHTUNG
BREMER WEG
GLINKASTRASSE
BEHRENSTRASSE
EBERTSTRASSE
CORA-BERLINER-STRASSE
WILHELMSTRASSE
FRANZÖSISCHE STRASSE
FRANZÖSISCHE ST
JÄGERSTRASSE
HANNAH-ARENDT-STRASSE
TUNNEL TIERGARTEN SPREEBOGEN
TAUBENSTRASSE
3min
0,5km
MOHRENSTRASSE
LENNÉSTRASSE

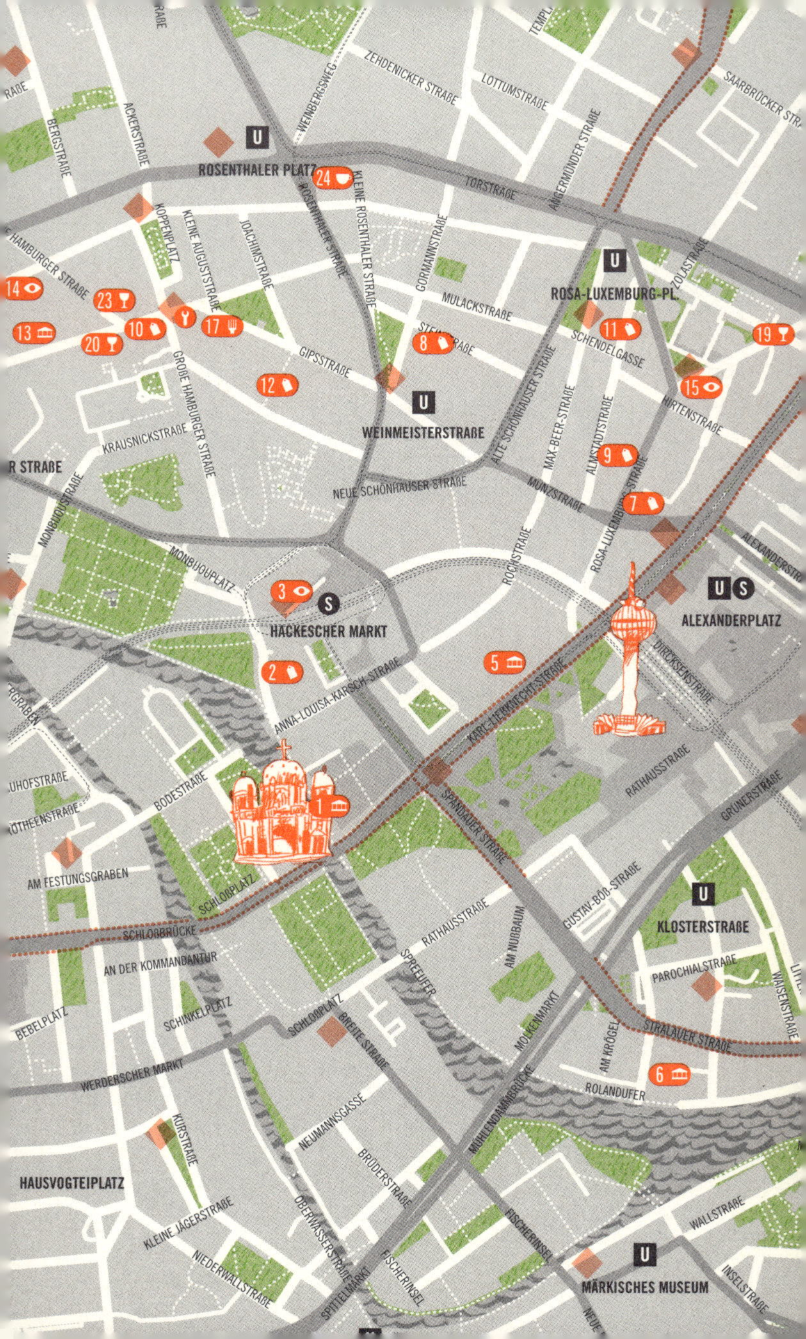

ROSENTHALER PLATZ
ZEHDENICKER STRAßE
LOTTUMSTRAßE
SAARBRÜCKER STR.
BERGSTRAßE
ACKERSTRAßE
WEINBERGSWEG
TORSTRAßE
ANGERMÜNDER STRAßE
KOPPENPLATZ
KLEINE AUGUSTSTRAßE
JOACHIMSTRAßE
ROSENTHALER STRAßE
KLEINE ROSENTHALER STRAßE
GORMANNSTRAßE
HAMBURGER STRAßE
MULACKSTRAßE
ROSA-LUXEMBURG-PL.
ZOLASTRAßE
SCHENDELGASSE
GIPSSTRAßE
GROßE HAMBURGER STRAßE
WEINMEISTERSTRAßE
HIRTENSTRAßE
KRAUSNICKSTRAßE
ALTE SCHÖNHAUSER STRAßE
MAX-BEER-STRAßE
ALMSTADTSTRAßE
NEUE SCHÖNHAUSER STRAßE
MÜNZSTRAßE
ROSA-LUXEMBURG-STRAßE
MONBIJOUSTRAßE
MONBIJOUPLATZ
ROCHSTRAßE
ALEXANDERSTR.
HACKESCHER MARKT
ALEXANDERPLATZ
ANNA-LOUISA-KARSCH-STRAßE
KARL-LIEBKNECHT-STRAßE
DIRCKSENSTRAßE
RATHAUSSTRAßE
BODESTRAßE
SPANDAUER STRAßE
GRUNERSTRAßE
AM FESTUNGSGRABEN
SCHLOßPLATZ
GUSTAV-BÖß-STRAßE
SCHLOßBRÜCKE
KLOSTERSTRAßE
AN DER KOMMANDANTUR
RATHAUSSTRAßE
AM NUßBAUM
PAROCHIALSTRAßE
WAISENSTRAßE
SPREEUFER
BEBELPLATZ
SCHINKELPLATZ
SCHLOßPLATZ
BREITE STRAßE
MOLKENMARKT
AM KRÖGEL
STRALAUER STRAßE
WERDERSCHER MARKT
ROLANDUFER
NEUMANNSGASSE
MÜHLENDAMMBRÜCKE
KURSTRAßE
HAUSVOGTEIPLATZ
BRÜDERSTRAßE
WALLSTRAßE
KLEINE JÄGERSTRAßE
OBERWASSERSTRAßE
FISCHERINSEL
NIEDERWALLSTRAßE
SPITTELMARKT
MÄRKISCHES MUSEUM
INSELSTRAßE

PRENZLAUER BERG

GENTE, BUTIQUES ANTIGAS E BRUNCHES

Schickimicki é o adjetivo não muito elogioso empregado por alguns moradores em relação a Prenzlauer Berg e significa uma pessoa rica e pretensamente alternativa. A unificação atraiu repúblicas de artistas e boêmios à região, que com o tempo passou a se elitizar. Mas não se desalente com isso: é agradável pedalar por suas ruas largas e arborizadas, com butiques, praças e *Altbau* (prédios de apartamentos tradicionais dos mais cobiçados, construídos entre 1850 e 1920). Está a nordeste do Mitte, do outro lado da Torstraße, e é delimitado pela Brunnenstraße a oeste e pela Prenzlauer Allee a leste.

No lado oeste você vê dois parques contrastantes. O **Mauerpark** ①, embora receba um vento danado, contém uma parte do Muro no alto de

uma colina, além de um mercado de pulgas aos domingos, com um agitado caraoquê improvisado ao ar livre. Ao sul está o mais refinado **Volkspark am Weinbergsweg** ②, com um belo jardim florido e um café em estilo de chalé suíço, o **Nola's am Weinberg** ③, no alto da colina central. Entre os dois se encontra a Arkonaplatz, onde aos domingos se realiza o **Trödelmarkt Arkonaplatz** ④, com artigos dos anos 1950 e 1960. A **Paul's Boutique** ⑤, na Oderberger Straße, no Bairro Francês (criado após a Guerra Franco-Prussiana, com ruas que levam o nome de cidades francesas), é uma loja antiga típica de Prenzlauer Berg, com coisas desprezadas e tênis combalidos, empilhados em volta de um aparelho de som. Se quiser roupas usadas em melhor estado, vá à loja irmã **Goo** ⑥, ou à **Memory Vintage** ⑦.

Fica perto do **Kastanienallee** ⑧, chamado popularmente de "bulevar artístico", por causa das pessoas bonitas que por lá transitam. Vale a pena dar umas voltas para usufruir todo esse clima. Você vai achar as lojas de discos **Franz & Josef** ⑨ e **Melting Point** ⑩ no próprio Kastanienallee, e, nas redondezas, utensílios domésticos na **Liv Emaille** ⑪, objetos de vidro retrô na **optiKing** ⑫, chapéus na **Heimat** ⑬, moda urbana na **Le Gang** ⑭ ou na **Who Killed Bambi?** ⑮, e muito mais. Depois, pare na **Prater Garten** ⑯, a mais antiga *Biergarten* de Berlim, para tomar uma Pilsen Prater ou uma Schwarzebier.

Se esse consumo todo for demasiado, passe para a **Stiftung Haus der Geschichte der BRD** ⑰, que apresenta uma exposição de desenho industrial e objetos que ilustram o cotidiano na Alemanha Oriental. A galeria se encontra na **Kulturbrauerei** ⑱, uma bonita ex-cervejaria de tijolos vermelhos, hoje repleta de cafés, bares e empresas sustentáveis, além da recomendada locadora de bicicletas **Berlin on Bike** ⑲. Afaste-se da agitação das artérias principais e usufrua a vida em Prenzlauer Berg. A **Helmholtzplatz** ⑳ é uma bela praça arborizada, no centro do território dos brunches do *Schickimicki*. A **Kollwitzplatz** ㉑ funciona como palco da feira de agricultores aos sábados e de uma feira de orgânicos, mais tranquila, às quintas-feiras – as torres estranhas acima do reservatório de água recebem ins-

talações artísticas de som no verão, graças à **Singuhr-Hörgalerie** ㉒, então aproveite e desça para os túneis de tijolo em busca de prazeres auditivos. Logo abaixo na <u>Kollwitzstraße</u> está o **Meierei** ㉓, um bistrô pequeno, com linda restauração, que serve especialidades alpinas – comidas como linguiças, queijos, pães e, claro, *Apfelstrudel*. Por fim, os fãs de ciclismo de estrada devem rumar ao norte até a **Cicli Berlinetta** ㉔, onde há profusão de bicicletas famosas, quadros e peças. No caminho, os aficionados de verdade precisam beber um expresso duplo no **No Fire, No Glory!** ㉕.

PARA DESCANSAR

COMIDA

Kaffeehaus Sowohlalsauch ㉖ serve um bom brunch, café e bolos.

White Trash ㉗ tem cafonices asiáticas, um cabaré de rock 'n' roll e cheeseburgers.

BEBIDA

Fleischmöbel ㉘ é um bar aconchegante muito procurado após o trabalho.

Bonanza Coffee Heroes ㉙ é imperdível para os apreciadores de café.

WI-FI

St Gaudy ㉚ tem Wi-Fi, café, aulas de ioga, tango e muito mais.

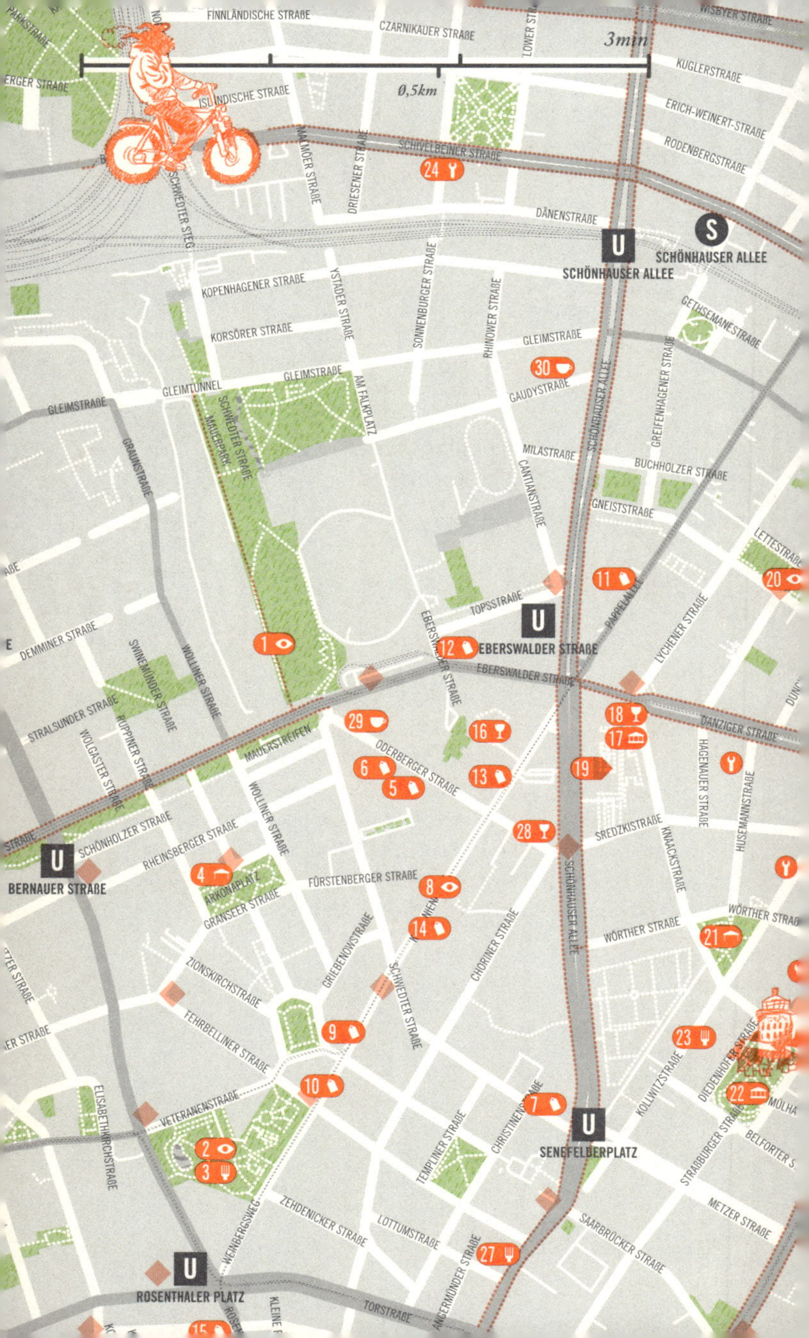

3min
0,5km
FINNLÄNDISCHE STRAẞE
CZARNIKAUER STRAẞE
WISBYER STRAẞE
KUGLERSTRAẞE
ERICH-WEINERT-STRAẞE
RODENBERGSTRAẞE
PARKSTRAẞE
ISLÄNDISCHE STRAẞE
SCHIVELBEINER STRAẞE
MALMÖER STRAẞE
DRIESENER STRAẞE
SCHWEDTER STEG
DÄNENSTRAẞE
SCHÖNHAUSER ALLEE
KOPENHAGENER STRAẞE
YSTADER STRAẞE
SONNENBURGER STRAẞE
RHINOWER STRAẞE
GETHSEMANESTRAẞE
KORSÖRER STRAẞE
GLEIMSTRAẞE
GAUDYSTRAẞE
GREIFENHAGENER STRAẞE
GLEIMTUNNEL
AM FALKPLATZ
SCHWEDTER STRAẞE
MAUERPARK
GRAUNSTRAẞE
MILASTRAẞE
CANTIANSTRAẞE
BUCHHOLZER STRAẞE
GNEISTSTRAẞE
LETTESTRAẞE
TOPSSTRAẞE
PAPPELALLEE
LYCHENER STRAẞE
DEMMINER STRAẞE
SWINEMÜNDER STRAẞE
WOLLINER STRAẞE
EBERSWALDER STRAẞE
STRALSUNDER STRAẞE
WOLGASTER STRAẞE
RUPPINER STRAẞE
MAUERSTREIFEN
ODERBERGER STRAẞE
DANZIGER STRAẞE
HAGENAUER STRAẞE
HUSEMANNSTRAẞE
SCHÖNHOLZER STRAẞE
RHEINSBERGER STRAẞE
SREDZKISTRAẞE
KNAACKSTRAẞE
BERNAUER STRAẞE
ARKONAPLATZ
GRANSEER STRAẞE
FÜRSTENBERGER STRAẞE
WÖRTHER STRAẞE
GRIEBENOWSTRAẞE
CHORINER STRAẞE
ZIONSKIRCHSTRAẞE
FEHRBELLINER STRAẞE
KOLLWITZSTRAẞE
DIEDENHOFER STRAẞE
VETERANENSTRAẞE
ELISABETHKIRCHSTRAẞE
CHRISTINENSTRAẞE
TEMPLINER STRAẞE
SENEFELDERPLATZ
STRAẞBURGER STRAẞE
BELFORTER S
ZEHDENICKER STRAẞE
LOTTUMSTRAẞE
METZER STRAẞE
WEINBERGSWEG
ANGERMÜNDER STRAẞE
SAARBRÜCKER STRAẞE
ROSENTHALER PLATZ
TORSTRAẞE
KLEINE
U
S
1
2
3
4
5
6
7
8
9
10
11
12
13
14
15
16
17
18
19
20
21
22
23
24
27
28
29
30

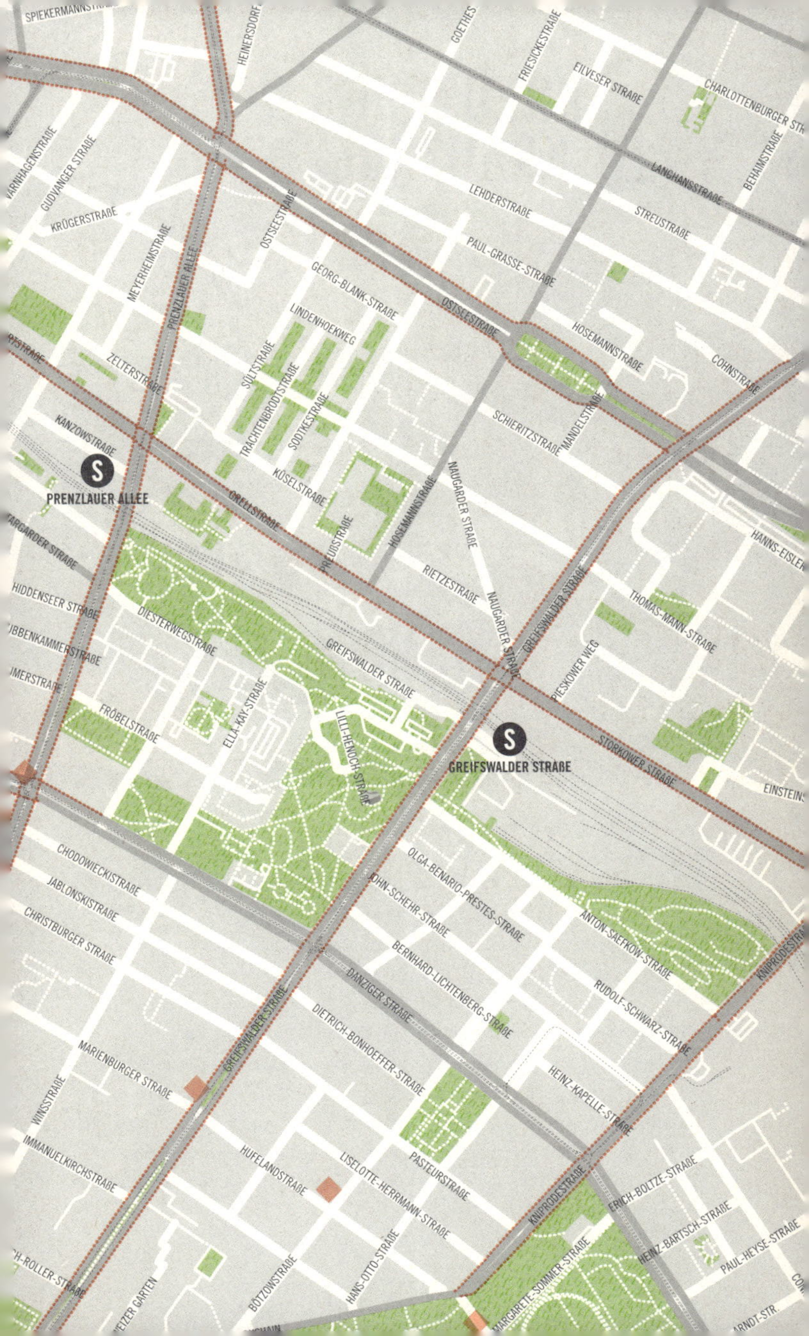

PRENZLAUER ALLEE
GREIFSWALDER STRAßE
PRENZLAUER ALLEE
GREIFSWALDER STRAßE
OSTSEESTRAßE
STORKOWER STRAßE
DANZIGER STRAßE
KNIPRODESTRAßE
LANGHANSSTRAßE
HOSEMANNSTRAßE
NAUGARDER STRAßE
GEORG-BLANK-STRAßE
LINDENHOEKWEG
SÜLTSTRAßE
TRACHTENBRODTSTRAßE
SODTKESTRAßE
KÜSELSTRAßE
GRELLSTRAßE
PREUDSTRAßE
RIETZESTRAßE
DIESTERWEGSTRAßE
ELLA-KAY-STRAßE
LILLI-HENOCH-STRAßE
FRÖBELSTRAßE
OLGA-BENARIO-PRESTES-STRAßE
JOHN-SCHEHR-STRAßE
BERNHARD-LICHTENBERG-STRAßE
ANTON-SAEFKOW-STRAßE
RUDOLF-SCHWARZ-STRAßE
HEINZ-KAPELLE-STRAßE
THOMAS-MANN-STRAßE
PIESKOWER WEG
CHODOWIECKISTRAßE
JABLONSKISTRAßE
CHRISTBURGER STRAßE
DIETRICH-BONHOEFFER-STRAßE
MARIENBURGER STRAßE
WINSSTRAßE
IMMANUELKIRCHSTRAßE
HUFELANDSTRAßE
LISELOTTE-HERRMANN-STRAßE
PASTEURSTRAßE
ERICH-BOLTZE-STRAßE
HEINZ-BARTSCH-STRAßE
PAUL-HEYSE-STRAßE
MARGARETE-SOMMER-STRAßE
HANS-OTTO-STRAßE
BÖTZOWSTRAßE
SCHIERITZSTRAßE
MANDELSTRAßE
COHNSTRAßE
HANNS-EISLER
EINSTEIN
MEYERHEIMSTRAßE
ZELTERSTRAßE
KANZOWSTRAßE
KRÜGERSTRAßE
GUDVANGER STRAßE
VARNHAGENSTRAßE
SPIEKERMANNSTR
HEINERSDORF
GOETHES
FRIESICKESTRAßE
EILVESER STRAßE
CHARLOTTENBURGER STR
BEHAIMSTRAßE
LEHDERSTRAßE
STREUSTRAßE
PAUL-GRASSE-STRAßE
HIDDENSEER STRAßE
DIESTERWEGSTRAßE
GREIFSWALDER STRAßE

KREUZBERG & KREUZKÖLLN

VIDA VIBRANTE E DESCONTRAÍDA

Kreuzberg, que fica ao sul do Mitte, só ganhou esse nome ao ser incorporado a Berlim, em 1920. Em menos de cem anos, teve vidas diversas: era uma região densamente povoada, cheia de indústrias (especialmente gráficas), depois, um encrave pobre de Berlim Ocidental, e hoje em dia é um bairro multicultural vibrante e descontraído, com vasta população de artistas e gente criativa – e uns poucos aproveitadores também. A **SO36** ①, uma casa noturna que leva o nome do principal código postal de Kreuzberg e famoso reduto de Iggy Pop e David Bowie (que morou na Hauptstraße, em Schöneberg), é um dos principais atrativos da rua, a <u>Oranienstraße</u>. A sudeste, Kreuzberg se mescla a Neukölln, um bairro emergente, e algumas pessoas chamam o limite entre um e outro de Kreuzkölln. A zona leste é a parte mais na moda, mais decaída; a oeste, seguindo na direção de Schöneberg, no distrito postal SO61, o lugar se torna mais refinado.

A região que abordamos começa ao sul de Checkpoint Charlie. Dê início ao passeio pela **Martin-Gropius-Bau** ②, que originalmente era sede do museu municipal de artes decorativas e hoje abriga uma sala de exposições, ou então pela **Berlinische Galerie** ③, que apresenta a história de Berlim, ilustrando-a com contribuições artísticas de seus filhos famosos, entre eles George Grosz. Perto daí, o novo anexo do **Museu Judaico** ④, assinado pelo arquiteto Daniel Libeskind, compõe um local impressionante e comovente. Também nesse lado norte fica o **Solar** ⑤, um bar situado no 15º andar, onde os figurões da CIA se encontravam para beber e espiar a cidade. O local ainda é bom para ver o movimento na cidade, embora lote facilmente. Fique no SO61 e siga no sentido sul, para admirar a **Kühn Keramik** ⑥, inusitada loja de objetos de cerâmica gerida por artistas, e na direção do **Viktoriapark** ⑦, que tem uma cascata espetacular de 20m de altura e a colina – *Kreuzberg* – que dá nome ao bairro.

Dê uma paradinha na **Vanille & Marille** ⑧, para levar um sorvete para viagem, ou vá ao **Barcomi's** ⑨, café estilo anos 1950 que serve quitutes de sucesso (bagels, cheesecake), localizado na Bergmannstraße, rua animada e boa para pedalar. Aí você já vai estar bem no sul, e pode seguir para leste pelo Landwehrkanal, um caminho descontraído com cafés e o **mercado de alimentos Maybachufer** ⑩. A **Sing Blackbird** ⑪, loja de roupas vintage que também é café, fica próxima. Ou então suba para a Oranienstraße e a estação Moritzplatz do U-Bahn, onde se encontram a **Modulor** ⑫, papelaria especializada em material artístico, e o café **Betahaus** ⑬, espaço que realiza eventos de arte e design. Não deixe de visitar também o **Prinzessinnengarten** ⑭, um antigo e agreste jardim comunitário, cultivado pelos moradores, que possui um agradável café no centro. Logo mais abaixo na rua você topa com o **Museum der Dinge** ⑮ ("museu de coisas"), um arquivo de desenho industrial e utensílios domésticos do século XX.

Nessa ponta leste da Oranienstraße, principal aglomerado dos brunches, um dos lugares prediletos é o **Bateau Ivre** ⑯, que não por acaso é título de um poema de Rimbaud; a comida é boa e o serviço, descontraído. O **Morena Bar** ⑰ também está no páreo, enquanto o **Jolesch** ⑱, virando a esquina, serve um *Schnitzel* impecável. Passando para o Kreuzkölln, na

Falckensteinstraße, Weserstraße e Reuterstraße você encontra cafés tranquilos de dia e bares agitados à noite. Caso não esteja desfrutando os últimos raios de sol no Bateau Ivre, vá ao **KaterHolzig** ⑲, armazém convertido em moderno bar-restaurante à beira do rio, ou ao **Bellman** ⑳, para beber coquetéis em clima chique e descontraído. **Arena** ㉑ é a pedida para os festeiros, perto do **Badeschiff** ㉒, contêiner de carga transformado em balneário flutuante no Spree; no inverno, faz as vezes de sauna, com piscina semifechada. No caminho está a **Keirin Cycle Culture Café** ㉓, bicicletaria-café dirigida por seguidores das normas japonesas de corrida em pista. Você encontrará lindas bicicletas antigas e muita coisa para admirar nas paredes.

PARA DESCANSAR

COMIDA

O popular italiano **Molinari & Ko** ㉔ cuida de você desde o expresso da manhã até o jantar ao ar livre.

BEBIDA

Johann Rose ㉕, mais a leste, serve um ótimo café.

WI-FI

Bully's Bakery ㉖ dispõe de café, salgados e Wi-Fi, além de Bully, o cão da casa.
East London ㉗ serve café da manhã à inglesa, com frituras, enquanto você navega.

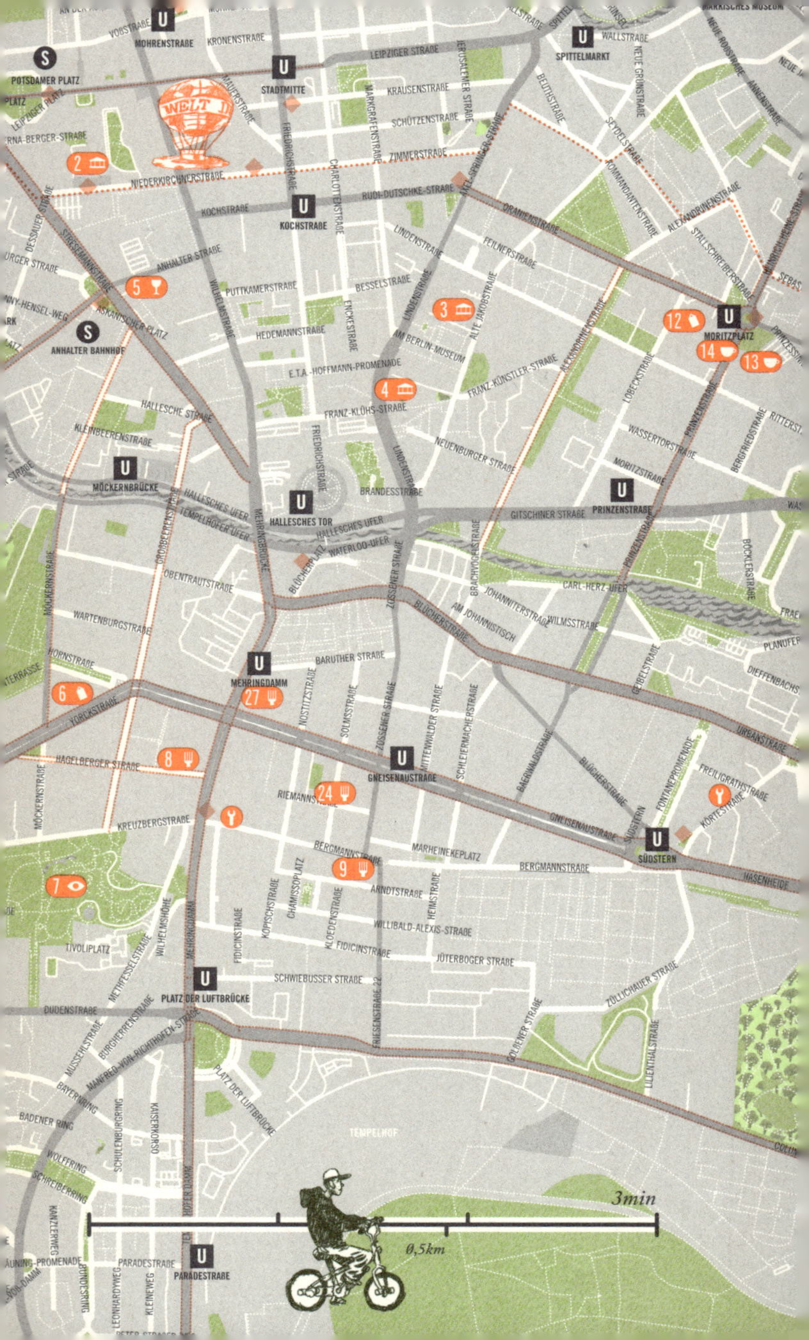
POTSDAMER PLATZ
MOHRENSTRAßE
KRONENSTRAßE
STADTMITTE
LEIPZIGER STRAßE
SPITTELMARKT
WALLSTRAßE
KRAUSENSTRAßE
SCHÜTZENSTRAßE
ZIMMERSTRAßE
NIEDERKIRCHNERSTRAßE
KOCHSTRAßE
RUDI-DUTSCHKE-STRAßE
AXEL-SPRINGER-STRAßE
ORANIENSTRAßE
FEILNERSTRAßE
ALEXANDRINENSTRAßE
STALLSCHREIBERSTRAßE
KOMMANDANTENSTRAßE
SEYDELSTRAßE
BEUTHSTRAßE
NEUE GRÜNSTRAßE
NEUE ROßSTRAßE
ANNENSTRAßE
JERUSALEMER STRAßE
MARKGRAFENSTRAßE
CHARLOTTENSTRAßE
FRIEDRICHSTRAßE
LINDENSTRAßE
ANHALTER STRAßE
PUTTKAMERSTRAßE
BESSELSTRAßE
WILHELMSTRAßE
STRESEMANNSTRAßE
DESSAUER STRAßE
ASKANISCHER PLATZ
ANHALTER BAHNHOF
HEDEMANNSTRAßE
ENCKESTRAßE
E.T.A.-HOFFMANN-PROMENADE
AM BERLIN MUSEUM
ALTE JAKOBSTRAßE
FRANZ-KÜNSTLER-STRAßE
FRANZ-KLÜHS-STRAßE
MORITZPLATZ
LOBECKSTRAßE
PRINZENSTRAßE
WASSERTORSTRAßE
MORITZSTRAßE
RITTERSTRAßE
BERGFRIEDSTRAßE
HALLESCHE STRAßE
KLEINBEERENSTRAßE
MÖCKERNBRÜCKE
HALLESCHES UFER
TEMPELHOFER UFER
HALLESCHES TOR
NEUENBURGER STRAßE
BRANDESSTRAßE
GITSCHINER STRAßE
PRINZENSTRAßE
WATERLOO-UFER
BLÜCHERPLATZ
MEHRINGBRÜCKE
GROßBEERENSTRAßE
MÖCKERNSTRAßE
OBENTRAUTSTRAßE
WARTENBURGSTRAßE
ZOSSENER STRAßE
BRACHVOGELSTRAßE
JOHANNITERSTRAßE
AM JOHANNISTISCH
BLÜCHERSTRAßE
CARL-HERZ-UFER
WILMSSTRAßE
BÖCKLERSTRAßE
PLANUFER
GEIBELSTRAßE
DIEFFENBACHSTRAßE
URBANSTRAßE
HORNSTRAßE
YORCKSTRAßE
MEHRINGDAMM
BARUTHER STRAßE
NOSTITZSTRAßE
SOLMSSTRAßE
MITTENWALDER STRAßE
SCHLEIERMACHERSTRAßE
BAERWALDSTRAßE
FONTANEPROMENADE
FREILIGRATHSTRAßE
KÖRTESTRAßE
HAGELBERGER STRAßE
GNEISENAUSTRAßE
RIEMANNSTRAßE
KREUZBERGSTRAßE
BERGMANNSTRAßE
MARHEINEKEPLATZ
SÜDSTERN
HASENHEIDE
ARNDTSTRAßE
CHAMISSOPLATZ
KOPISCHSTRAßE
FIDICINSTRAßE
KLOEDENSTRAßE
HEIMSTRAßE
WILLIBALD-ALEXIS-STRAßE
JÜTERBOGER STRAßE
WILHELMSHÖHE
TIVOLIPLATZ
METHFESSELSTRAßE
SCHWIEBUSSER STRAßE
FRIESENSTRAßE
PLATZ DER LUFTBRÜCKE
DUDENSTRAßE
GOLßENER STRAßE
ZÜLLICHAUER STRAßE
LILIENTHALSTRAßE
MANFRED-VON-RICHTHOFEN-STRAßE
BURGHERRENSTRAßE
MUSSEHLSTRAßE
BAYERNRING
BADENER RING
SCHULENBURGRING
KAISERKORSO
WOLFFRING
SCHREIBERRING
KANZLERWEG
PARADESTRAßE
LEONHARDYWEG
KLEINEWEG
TEMPELHOF
3min
0,5km

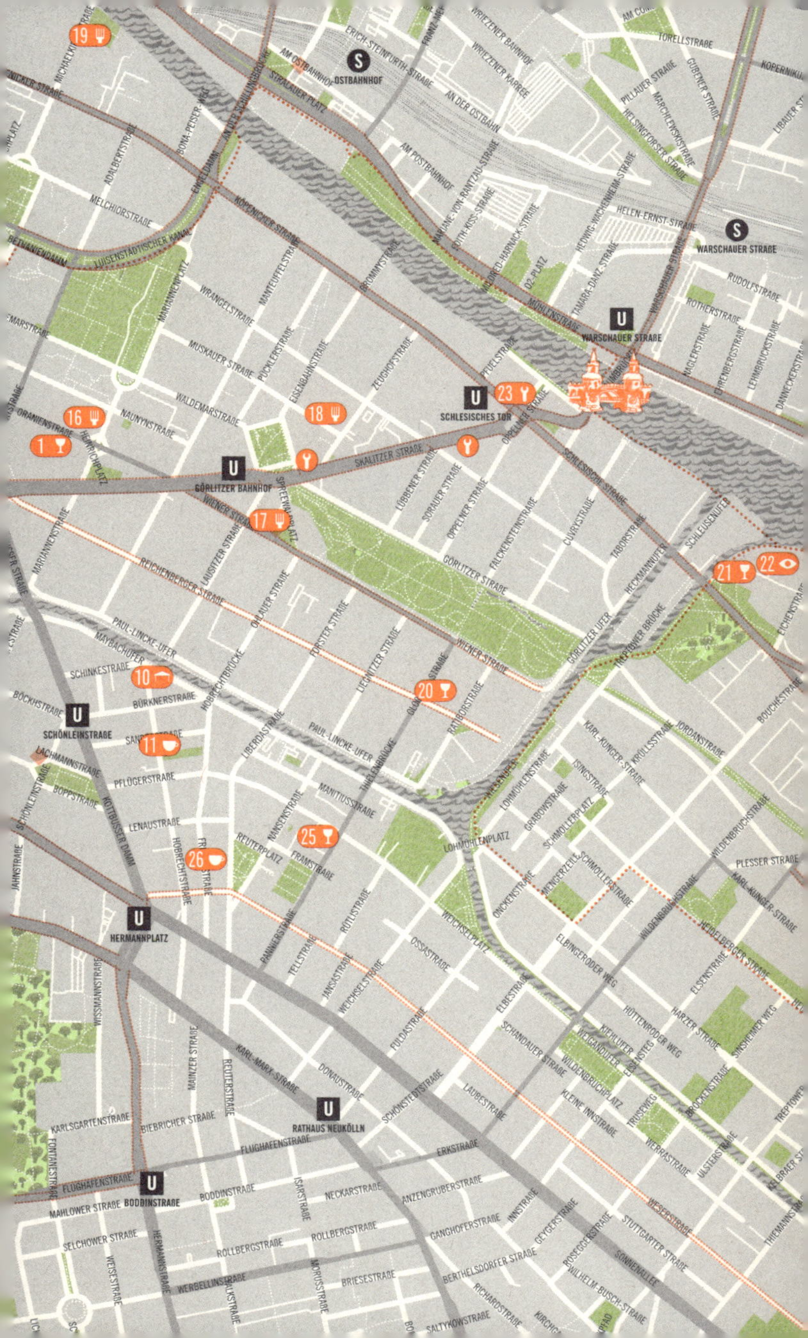

19
ERICH-STEINFURTH-STRASSE
OSTBAHNHOF
AM OSTBAHNHOF
STRALAUER PLATZ
WRIEZENER BAHNHOF
WRIEZENER KARREE
AN DER OSTBAHN
TORELLSTRASSE
GUBENER STRASSE
PILLAUER STRASSE
MARCHLEWSKISTRASSE
HELSINGFORSER STRASSE
MICHAELKIRCHSTRASSE
BONA-PEISER-WEG
ADALBERTSTRASSE
MELCHIORSTRASSE
ENGELDAMM
KÖPENICKER STRASSE
LUISENSTÄDTISCHER KANAL
BETHANIENDAMM
AM POSTBAHNHOF
MARIANNE-VON-RANTZAU-STRASSE
EDITH-KISS-STRASSE
MILDRED-HARNACK-STRASSE
HEDWIG-WACHENHEIM-STRASSE
HELEN-ERNST-STRASSE
WARSCHAUER STRASSE
RUDOLFSTRASSE
ROTHERSTRASSE
O2-PLATZ
MÜHLENSTRASSE
TAMARA-DANZ-STRASSE
MARIANNENPLATZ
WRANGELSTRASSE
MANTEUFFELSTRASSE
MUSKAUER STRASSE
PÜCKLERSTRASSE
EISENBAHNSTRASSE
ZEUGHOFSTRASSE
BROMMYSTRASSE
PFUELSTRASSE
NAGLERSTRASSE
EHRENBERGSTRASSE
LEHMBRUCKSTRASSE
SCHLESISCHES TOR
23
16
ORANIENSTRASSE
1
HEINRICHPLATZ
NAUNYNSTRASSE
WALDEMARSTRASSE
18
OPPELNER STRASSE
GÖRLITZER BAHNHOF
SKALITZER STRASSE
WIENER STRASSE
SPREEWALDPLATZ
17
LÜBBENER STRASSE
SORAUER STRASSE
OPPELNER STRASSE
SCHLESISCHE STRASSE
FALCKENSTEINSTRASSE
CUVRYSTRASSE
TABORSTRASSE
SCHLEUSENUFER
21
22
MARIANNENSTRASSE
REICHENBERGER STRASSE
LAUSITZER STRASSE
GÖRLITZER STRASSE
HECKMANNUFER
OHLAUER STRASSE
PAUL-LINCKE-UFER
MAYBACHUFER
FORSTER STRASSE
GÖRLITZER UFER
LOHMÜHLENBRÜCKE
SCHINKESTRASSE
10
BÖCKHSTRASSE
BÜRKNERSTRASSE
SCHÖNLEINSTRASSE
11
LIEGNITZER STRASSE
20
RATIBORSTRASSE
HOBRECHTBRÜCKE
LACHMANNSTRASSE
PFLÜGERSTRASSE
BOPPSTRASSE
KOTTBUSSER DAMM
LIBERDASTRASSE
THIELENBRÜCKE
KARL-KUNGER-STRASSE
KRULLSTRASSE
JORDANSTRASSE
LOHMÜHLENSTRASSE
GRABOWSTRASSE
ISINGSTRASSE
SCHMOLLERPLATZ
MANITIUSSTRASSE
NANSENSTRASSE
LENAUSTRASSE
HOBRECHTSTRASSE
26
REUTERPLATZ
25
FRAMSTRASSE
LOHMÜHLENPLATZ
WILDENBRUCHSTRASSE
PLESSER STRASSE
SCHMOLLERSTRASSE
HERMANNPLATZ
JAHNSTRASSE
PANNIERSTRASSE
TELLSTRASSE
RÜTLISTRASSE
WEICHSELPLATZ
OSSASTRASSE
ONCKENSTRASSE
ELBINGERODER WEG
HEIDELBERGER STRASSE
ELSENSTRASSE
JANSASTRASSE
WEICHSELSTRASSE
FULDASTRASSE
ELBESTRASSE
SCHANDAUER STRASSE
HÜTTENRODER WEG
HARZER STRASSE
SONNENALLEE
WISSMANNSTRASSE
MAINZER STRASSE
REUTERSTRASSE
KARL-MARX-STRASSE
DONAUSTRASSE
SCHÖNSTEDTSTRASSE
LAUBESTRASSE
WILDENBRUCHPLATZ
KLEINE INNSTRASSE
TRUSEWEG
WERRASTRASSE
ULSTERSTRASSE
BROCKENSTRASSE
SINSHEIMER WEG
RATHAUS NEUKÖLLN
KARLSGARTENSTRASSE
BIEBRICHER STRASSE
FLUGHAFENSTRASSE
ERKSTRASSE
FONTANESTRASSE
BODDINSTRASSE
ISARSTRASSE
NECKARSTRASSE
ANZENGRUBERSTRASSE
INNSTRASSE
WESERSTRASSE
MAHLOWER STRASSE
SELCHOWER STRASSE
HERMANNSTRASSE
ROLLBERGSTRASSE
GANGHOFERSTRASSE
GEYGERSTRASSE
ROSEGGERSTRASSE
STUTTGARTER STRASSE
WERBELLINSTRASSE
MORUSSTRASSE
BRIESESTRASSE
BERTHELSDORFER STRASSE
RICHARDSTRASSE
WILHELM-BUSCH-STRASSE
WEISESTRASSE
SALTYKOWSTRASSE

CHARLOTTENBURG

O CORAÇÃO DA VELHA BERLIM OCIDENTAL

Se você já passeou pelo realista Kreuzberg ou pelo atraente Prenzlauer Berg, então Charlottenburg, extenso bairro na zona oeste de Berlim, pode lhe parecer outra cidade. Suas travessas tranquilas são uma opção ao "alternativo", e a Kurfürstendamm tem todas as grandes lojas internacionais que visivelmente faltam ao antigo leste. A Ku'damm, como a avenida é conhecida, fica no sul da área que agora exploramos, e a extensão ocidental do rio Spree forma o norte.

Dê um giro de bicicleta pelo **Tiergarten** ①, enorme parque arborizado onde os berlinenses correm, pedalam, fazem piquenique e relaxam, mas não perca o **mercado de pulgas do Charlottenburger Tor** ② nos fins de semana. Oculto numa rua suja atrás da estação Zoologischer Garten do S-Bahn, o **Museum für Fotografie** ③ bem que merece uma visita. Do contrário, passe pela **Kaiser-Wilhelm-Gedächtniskirche** ④ (Igreja em Memória do Kaiser Guilherme), na Breitscheidplatz, cuja torre destruída no bombardeio de 1943 foi preservada tal como ficou. Um pouco mais abaixo na rua está o **Käthe Kollwitz Museum** ⑤, dedicado a essa pintora e escultora alemã. Seu jardim está ligado ao da **Literaturhaus** ⑥, onde você pode se familiarizar com a literatura alemã e pedir um *Kaffee und Kuchen* (café e bolo) no Café Wintergarten. Fora as lojas, como mais adiante não há muito que fazer na Ku'damm, rume para o norte até a Kantstraße, área de Berlim que concentra lojas de decoração e também é local do **Paris Bar** ⑦, lendário bistrô e reduto de artistas e celebridades, cujas paredes são enfeitadas com a arte reunida pelo pintor Martin Kippenberger. Sem contar a placa de neon do bar, o local tem uma sofisticação discreta e, como maior preciosidade, a pitoresca **Savignyplatz** ⑧.

Nos arcos embaixo do U-Bahn, em meio a restaurantes e cafés, você vai deparar com a **Bücherbogen am Savignyplatz** ⑨, livraria fascinante especializada em arquitetura, onde é fácil perder a noção do tempo. Siga os arcos para qualquer lado da **ferrovia** ⑩ e encontrará lojas de móveis e utensílios e uma porção de vitrines interessantes para apreciar. Na vizinhança fica a **Art + Industry** ⑪, uma das melhores lojas de móveis antigos de Berlim, nascida do negócio de restauração. O showroom é na Bleibtreustraße, que, assim como a Schlüterstraße, é uma rua em que se pode pedalar com prazer, pois é ladeada de árvores e restaurantes. Também nas proximidades está a **Galerie Camera Work** ⑫, que expõe fotos de Man Ray, Helmut Newton e gente do nível, além de obras de estrelas ascendentes.

Quando se satisfizer com as redondezas da Kantstraße, dirija-se à área residencial de Charlottenburg pela **Alt-Lietzow** ⑬, o núcleo histórico do

bairro, e pela Wilmersdorfer Straße, rua com moradias e comércios à moda antiga, onde se localiza o **Sportantiquariat Matthias Drummer** ⑭, livreiro especializado em obras sobre esporte. Bem no noroeste está o **Schloss Charlottenburg** ⑮, lindo palácio barroco do século XVIII construído para Sophie Charlotte (imperatriz que deu nome à área), esposa de Frederico III. De início era para ser um palácio de verão, mas os planos fugiram ao controle, e não é de admirar que o imperador quase tenha levado à falência o Estado alemão. Do lado contrário está o **Sammlung Scharf-Gerstenberg** ⑯, acervo estatal com obras de arte dos surrealistas e de seus antecessores, abrigadas no antigo bloco da estrebaria do palácio.

Mas, se você estiver a fim de dar uma pedalada mais longa, siga a Kantstraße até o fim (cerca de 2km) para chegar ao **Lietzensee** ⑰, um laguinho pitoresco com café e terraço, a curta distância do centro da cidade.

PARA DESCANSAR

COMIDA

Rogacki ⑱ é uma mercearia polonesa tradicional que supostamente faz 2 toneladas de salada de batata por semana.

KaDeWe ⑲, loja de departamentos, tem ótimos cafés, bares de ostra e praças de alimentação.

BEBIDA

Schwarzes Café ⑳ fica aberto 24 horas por dia, servindo aos notívagos bebidas e uma boa comida simples.

WI-FI

Café Das Muntermacher ㉑ é iluminado e arejado, e **My Cheesecake** ㉒ serve fatias da torta e outros petiscos enquanto você navega.

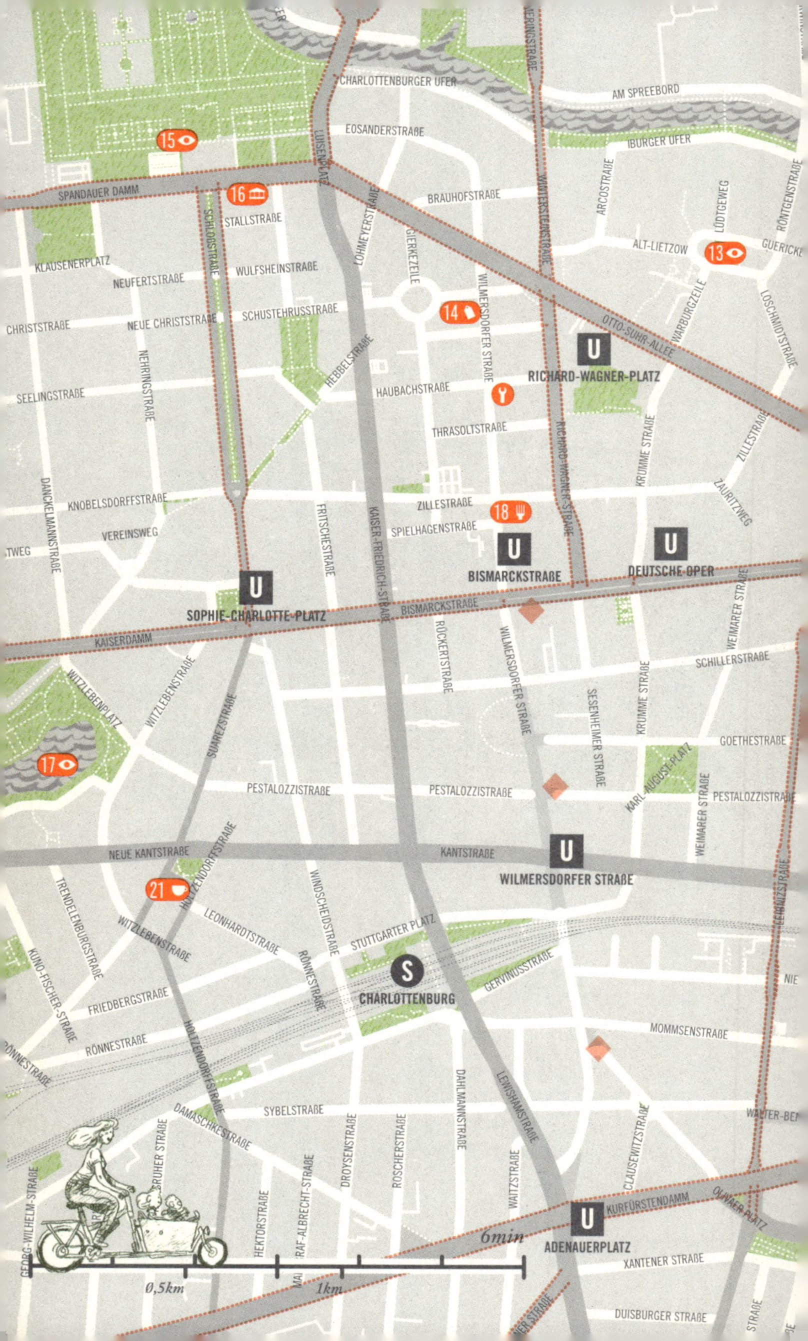

CHARLOTTENBURGER UFER
AM SPREEBORD
EOSANDERSTRASSE
IBURGER UFER
SPANDAUER DAMM
LUISENPLATZ
BRAUHOFSTRASSE
STALLSTRASSE
SCHLOSSSTRASSE
ALT-LIETZOW
KLAUSENERPLATZ
WULFSHEINSTRASSE
NEUFERTSTRASSE
SCHUSTEHRUSSTRASSE
CHRISTSTRASSE
NEUE CHRISTSTRASSE
OTTO-SUHR-ALLEE
RICHARD-WAGNER-PLATZ
SEELINGSTRASSE
HAUBACHSTRASSE
THRASOLTSTRASSE
KNOBELSDORFFSTRASSE
ZILLESTRASSE
SPIELHAGENSTRASSE
VEREINSWEG
BISMARCKSTRASSE
DEUTSCHE OPER
SOPHIE-CHARLOTTE-PLATZ
KAISERDAMM
SCHILLERSTRASSE
GOETHESTRASSE
PESTALOZZISTRASSE
NEUE KANTSTRASSE
KANTSTRASSE
WILMERSDORFER STRASSE
LEONHARDTSTRASSE
STUTTGARTER PLATZ
CHARLOTTENBURG
FRIEDBERGSTRASSE
RÖNNESTRASSE
MOMMSENSTRASSE
SYBELSTRASSE
KURFÜRSTENDAMM
ADENAUERPLATZ
XANTENER STRASSE
DUISBURGER STRASSE
6min
0,5km
1km

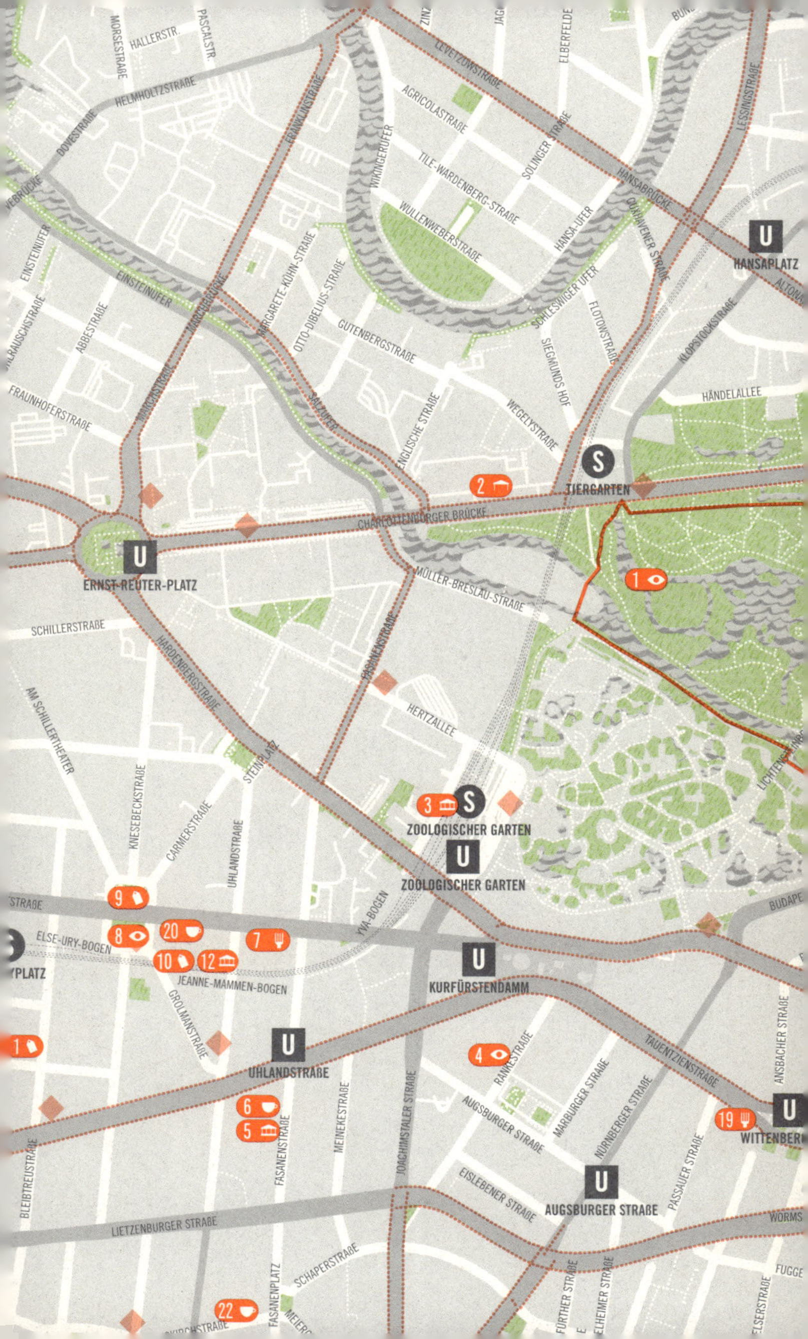

HANSAPLATZ
TIERGARTEN
ERNST-REUTER-PLATZ
ZOOLOGISCHER GARTEN
ZOOLOGISCHER GARTEN
KURFÜRSTENDAMM
UHLANDSTRASSE
AUGSBURGER STRASSE
LEVETZOWSTRASSE
AGRICOLASTRASSE
TILE-WARDENBERG-STRASSE
WULLENWEBERSTRASSE
HELMHOLTZSTRASSE
FRANKLINSTRASSE
WIKINGERUFER
HANSABRÜCKE
LESSINGSTRASSE
EINSTEINUFER
MARGARETE-KÜHN-STRASSE
OTTO-DIBELIUS-STRASSE
GUTENBERGSTRASSE
SIEGMUNDS HOF
FLOTOWSTRASSE
KLOPSTOCKSTRASSE
HÄNDELALLEE
FRAUNHOFERSTRASSE
ABBESTRASSE
MARCHSTRASSE
ENGLISCHE STRASSE
WEGELYSTRASSE
CHARLOTTENBURGER BRÜCKE
MÜLLER-BRESLAU-STRASSE
SCHILLERSTRASSE
HARDENBERGSTRASSE
FASANENSTRASSE
HERTZALLEE
AM SCHILLERTHEATER
KNESEBECKSTRASSE
CARMERSTRASSE
UHLANDSTRASSE
STEINPLATZ
YVA-BOGEN
ELSE-URY-BOGEN
JEANNE-MAMMEN-BOGEN
GROLMANSTRASSE
BUDAPE
TAUENTZIENSTRASSE
ANSBACHER STRASSE
RANKESTRASSE
MARBURGER STRASSE
NÜRNBERGER STRASSE
AUGSBURGER STRASSE
EISLEBENER STRASSE
PASSAUER STRASSE
JOACHIMSTHALER STRASSE
MEINEKESTRASSE
FASANENSTRASSE
BLEIBTREUSTRASSE
LIETZENBURGER STRASSE
SCHAPERSTRASSE
FASANENPLATZ
FUGGE
WORMS
WITTENBER

WEDDING

ARQUITETURA E ÁREAS VERDES

Houve uma época em que os distritos da zona norte de Berlim não eram tão atraentes quanto Prenzlauer Berg nem vibrantes como Kreuzberg. Eles continuam sendo mais tranquilos e mais residenciais, porém, à medida que as regiões mudam e vão encarecendo, a população e as atrações também se deslocam. Wedding ainda é, em geral, um bairro da classe trabalhadora e soa menos metropolitano que outras partes da cidade – ainda assim vale a pena ir até lá, por sua arquitetura, pelas galerias, cervejarias etc.

Quando nos referimos a Wedding, falamos do distrito ao norte da Bernauer Straße, a oeste da Brunnenstraße e a leste do Canal de Navegação Berlim-Spandau (veja adiante). A Bernauer Straße já fez parte da infame barreira entre os lados ocidental e oriental, lugar de muitas fugas por túneis e tragédias causadas por desespero, como pessoas pulando da janela de prédios situados em Berlim Oriental para cair na calçada do setor francês em Berlim Ocidental. Hoje o local acolhe o **Memorial do Muro de Berlim** ① (Gedenkstätte Berliner Mauer), uma recordação sensível mas arrepiante da presença nefasta do Muro. Passe pelas colossais **fábricas da AEG** ②, que datam do tempo da guerra, na Hussitenstraße (ainda existe também um salão de turbinas na Huttenstraße, no bairro de Moabit), para chegar ao **Volkspark Humboldthain** ③, uma área verde popular, com uma colina feita de escombros da guerra, da qual se descortina uma vista fantástica da cidade. Há também uma torre de artilharia antiaérea que restou da guerra e um lido. Não muito longe se vê o **Anti-Kriegs-Museum** ④ (Museu Antiguerra), fundado em 1925 por um anarquista motivado pela Primeira Guerra Mundial.

Outro modo de seguir para o norte e entrar em Wedding é percorrer a Heidestraße, trecho industrial que hoje abriga galerias, eventos e negócios temporários. Pedale até lá e mantenha os olhos bem abertos, pois alguns desses lugares podem ser efêmeros. A Heidestraße também leva ao caminho junto ao **Canal de Navegação Berlim-Spandau** ⑤, que atravessa a vegetação, passa por fábricas e desemboca em **Plötzensee** ⑥, talvez o mais acessível dos famosos lagos de Berlim, para os quais a cidade inteira parece debandar nos fins de semana durante o verão. Nade em qualquer ponto ao redor do lago, não só na **Freibad** ⑦, embora essa piscina seja dotada de café e infraestrutura para crianças. Em outros pontos de Wedding, no que diz respeito a arte, há o **Stattbad Wedding** ⑧, um estúdio-galeria localizado no antigo prédio da piscina municipal, praticamente intacto. A **Galerie Max Hetzler** ⑨, que exibe artistas como Jeff

Koons, Bridget Riley e Rineke Dijkstra, está instalada numa construção interessante com várias finalidades no centro de Wedding, junto a outras galerias de Berlim.

Aproveite a atmosfera de cidade pequena e dê uma volta de bicicleta – por exemplo, subindo a Ostenderstraße, Genterstraße e Schulstraße, ou seguindo o rio Panke, pequeno e pouco conhecido, até a **Biblioteca Luisenbad** ⑩, antiga casa municipal de banhos que ainda conserva mosaicos impressionantes. A oeste e um pouco ao norte fica o **Afrikanische Viertel** ⑪ (Bairro Africano), grupo de ruas com o nome de países africanos que hoje se destaca pelos conjuntos residenciais modernistas. Construídos entre 1910 e 1933, eles entraram para a lista de patrimônios da humanidade da Unesco em 2008. Passeie pelas ruas limpas e veja obras arquitetônicas de **Bruno Taut** ⑫, **Jean Krämer** ⑬, **Mies van der Rohe** ⑭ e outros – existem painéis de informação práticos espalhados pelo **Schillerpark** ⑮, que ajudam a localizar as casas.

Logo ao norte há outro empreendimento interessante: o **Gartenkolonie Freudental** ⑯ – jardins e canteiros em lotes de terras do Estado, cuidados com esmero, cheios de verduras, frutas, flores e casas rústicas de ma-

deira. Se isso for simplório demais para você, a **Berliner Unterwelten** ⑰ oferece algo completamente diferente: essa organização realiza passeios de exploração pelos bunkers e pela infraestrutura subterrânea de Berlim, trazendo à luz segredos sombrios do passado. Depois disso, sem dúvida você merece uma cerveja – experimente a **Hausbrauerei Eschenbräu** ⑱, uma cervejaria tradicional alemã.

PARA DESCANSAR

COMIDA	BEBIDA
Korea Haus ⑲ talvez pareça um lugar um pouco estranho, mas serve uma comida ótima.	**Coffee Star** ⑳ sem dúvida é "o" café de Berlim. **Lindengarten** ㉑ é uma *Biergarten* boa e tranquila.

WI-FI

TassenKuchen ㉒ deixa o cliente conectado.

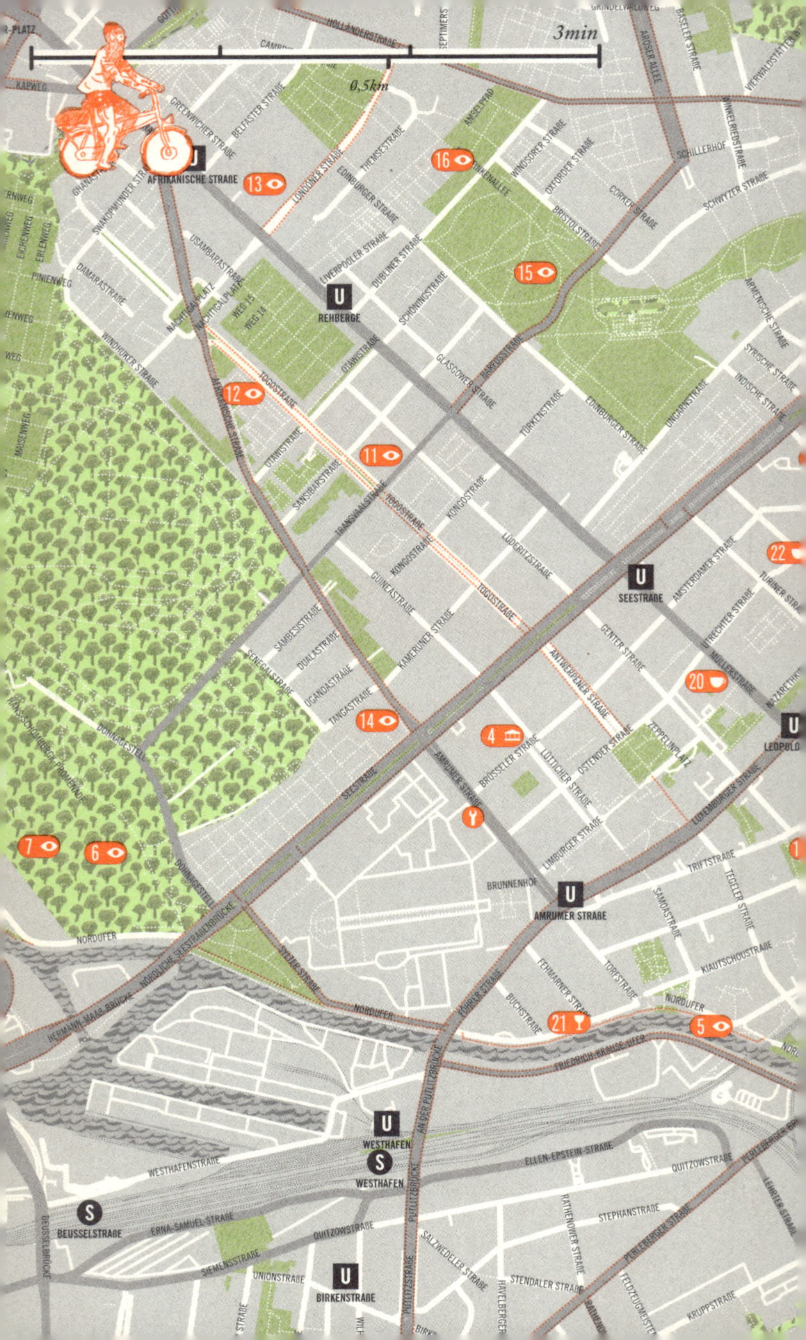
3min
0,5km
AFRIKANISCHE STRAßE
REHBERGE
SEESTRAßE
LEOPOLD
AMRUMER STRAßE
WESTHAFEN
BEUSSELSTRAßE
BIRKENSTRAßE
HOLLÄNDERSTRAßE
GREENWICHER STRAßE
BELFASTER STRAßE
LONDONER STRAßE
THEMSESTRAßE
EDINBURGER STRAßE
LIVERPOOLER STRAßE
DUBLINER STRAßE
SCHÖNINGSTRAßE
WINDSORER STRAßE
OXFORDER STRAßE
BRISTOLSTRAßE
CORKER STRAßE
SCHILLERHOF
SCHWYZER STRAßE
WINKELRIEDSTRAßE
BASELER STRAßE
AROSER ALLEE
ARMENISCHE STRAßE
SYRISCHE STRAßE
INDISCHE STRAßE
USAMBARASTRAßE
DAMARASTRAßE
SWAKOPMUNDER STRAßE
WINDHUKER STRAßE
NACHTIGALPLATZ
TOGOSTRAßE
OTAWISTRAßE
GLASGOWER STRAßE
BARFUSSTRAßE
TÜRKENSTRAßE
UNGARNSTRAßE
TRANSVAALSTRAßE
SANSIBARSTRAßE
KONGOSTRAßE
LÜDERITZSTRAßE
GUINEASTRAßE
KAMERUNER STRAßE
SAMBESISTRAßE
DUALASTRAßE
UGANDASTRAßE
TANGASTRAßE
SENEGALSTRAßE
AMSTERDAMER STRAßE
TURINER STRAßE
UTRECHTER STRAßE
MÜLLERSTRAßE
GENTER STRAßE
ANTWERPENER STRAßE
ZEPPELINPLATZ
OSTENDER STRAßE
LÜTTICHER STRAßE
BRÜSSELER STRAßE
AMRUMER STRAßE
LUXEMBURGER STRAßE
LIMBURGER STRAßE
TRIFTSTRAßE
TEGELER STRAßE
SAMOASTRAßE
KIAUTSCHOUSTRAßE
TORFSTRAßE
FEHMARNER STRAßE
BUCHSTRAßE
FÖHRER STRAßE
BRUNNENHOF
SEESTRAßE
DOHNAGESTELL
NORDUFER
NÖRDLICHE SEESTRAßENBRÜCKE
HERMANN-MAAß-BRÜCKE
SYLTER STRAßE
FRIEDRICH-KRAUSE-UFER
AN DER PUTLITZBRÜCKE
PUTLITZBRÜCKE
ELLEN-EPSTEIN-STRAßE
QUITZOWSTRAßE
WESTHAFENSTRAßE
ERNA-SAMUEL-STRAßE
SIEMENSSTRAßE
UNIONSTRAßE
SALZWEDELER STRAßE
RATHENOWER STRAßE
STEPHANSTRAßE
PERLEBERGER STRAßE
STENDALER STRAßE
HAVELBERGER
FELDZEUGMEISTER
KRUPPSTRAßE
LEHRTER STRAßE
BEUSSELBRÜCKE
PINIENWEG
EICHENWEG
ERLENWEG
MAISENWEG
WEG 15
WEG 14
ANSELPFAD
KARPWEG
HANS-SCHOMBURGK-PROMENADE
13
16
15
12
11
14
4
20
22
7
6
21
5

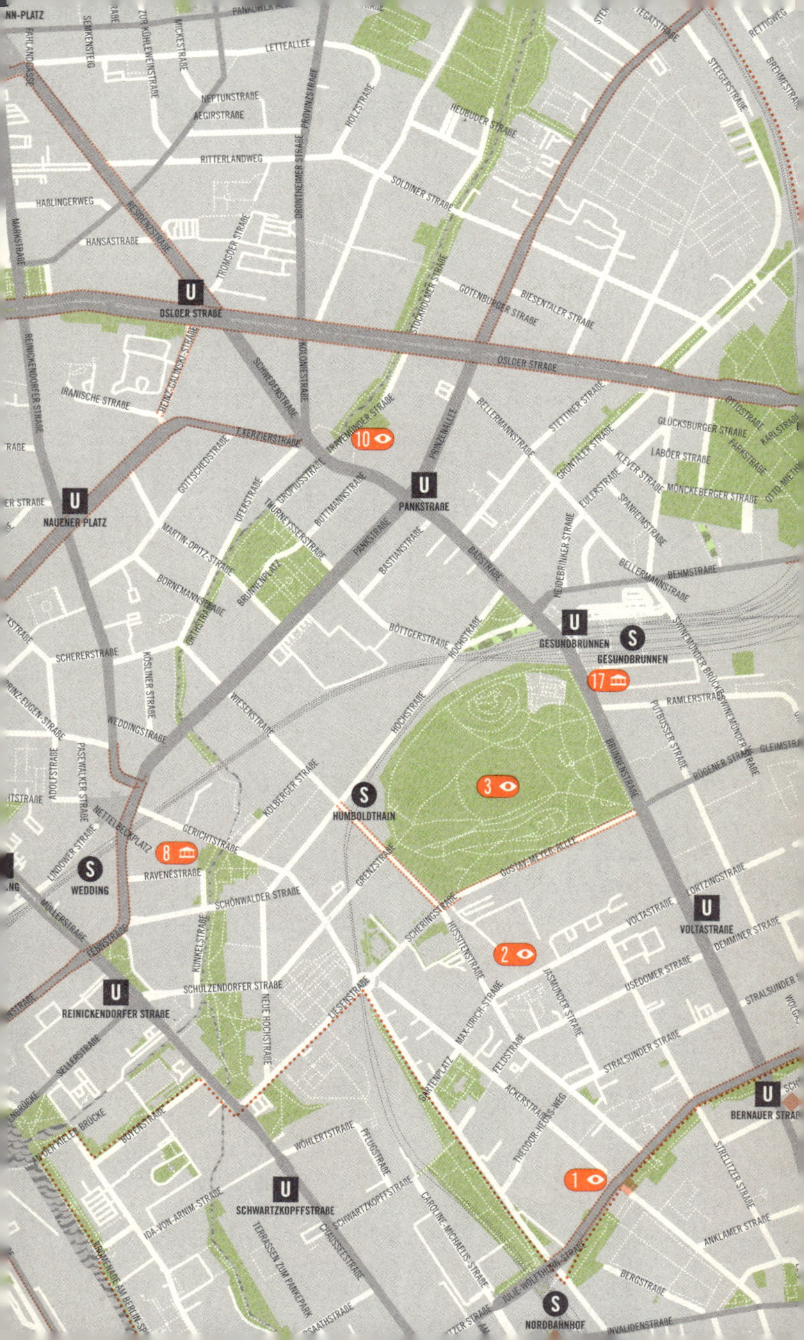

MICKESTRAßE
LETTEALLEE
NEPTUNSTRAßE
AEGIRSTRAßE
HOLZSTRAßE
PROVINZSTRAßE
DRONTHEIMER STRAßE
HEUBUDER STRAßE
RITTERLANDWEG
SOLDINER STRAßE
HABLINGERWEG
HANSASTRAßE
RESIDENZSTRAßE
MARKSTRAßE
TROMSÖER STRAßE
STOCKHOLMER STRAßE
GOTENBURGER STRAßE
BIESENTALER STRAßE
OSLOER STRAßE
OSLOER STRAßE
REINICKENDORFER STRAßE
HEINZ-GALINSKI-STRAßE
SCHWEDENSTRAßE
KOLONIESTRAßE
IRANISCHE STRAßE
TRAVEMÜNDER STRAßE
10
PRINZENALLEE
BELLERMANNSTRAßE
STETTINER STRAßE
GLÜCKSBURGER STRAßE
OTTOSTRAßE
KARLSTRAßE
LABÖER STRAßE
PARKSTRAßE
GRÜNTALER STRAßE
KLEVER STRAßE
MÖNCKEBERGER STRAßE
EXERZIERSTRAßE
GOTTSCHEDSTRAßE
GROTIUSSTRAßE
BOTTMANNSTRAßE
PANKSTRAßE
NAUENER PLATZ
UFERSTRAßE
THURNEYSSERSTRAßE
MARTIN-OPITZ-STRAßE
BORNEMANNSTRAßE
BRUNNENPLATZ
PANKSTRAßE
BASTIANSTRAßE
BADSTRAßE
HEIDEBRINKER STRAßE
EULERSTRAßE
SPANHEIMSTRAßE
BELLERMANNSTRAßE
BEHMSTRAßE
GESUNDBRUNNEN
GESUNDBRUNNEN
SCHERERSTRAßE
ORTHSTRAßE
KÖSLINER STRAßE
BÖTTGERSTRAßE
HOCHSTRAßE
SWINEMÜNDER BRÜCKE
17
RAMLERSTRAßE
PUTBUSSER STRAßE
WIESENSTRAßE
WEDDINGSTRAßE
PRINZ-EUGEN-STRAßE
HOCHSTRAßE
BRUNNENSTRAßE
RÜGENER STRAßE
SWINEMÜNDER STRAßE
ADOLFSTRAßE
KOLBERGER STRAßE
HUMBOLDTHAIN
3
NETTELBECKPLATZ
GERICHTSTRAßE
8
LINDOWER STRAßE
WEDDING
RAVENÉSTRAßE
GRENZSTRAßE
GUSTAV-MEYER-ALLEE
LORTZINGSTRAßE
VOLTASTRAßE
VOLTASTRAßE
SCHÖNWALDER STRAßE
MÜLLERSTRAßE
SCHERINGSTRAßE
HUSSITENSTRAßE
2
DEMMINER STRAßE
USEDOMER STRAßE
KUNKELSTRAßE
SCHULZENDORFER STRAßE
NEUE HOCHSTRAßE
REINICKENDORFER STRAßE
LIESENSTRAßE
MAX-URICH-STRAßE
JASMUNDER STRAßE
STRALSUNDER STRAßE
STRALSUNDER STRAßE
SELLERSTRAßE
GARTENPLATZ
FELDSTRAßE
ACKERSTRAßE
THEODOR-HEUSS-WEG
BOYENSTRAßE
WÖHLERTSTRAßE
PFLUGSTRAßE
1
SCHWARTZKOPFFSTRAßE
SCHWARTZKOPFFSTRAßE
IDA-VON-ARNIM-STRAßE
TERRASSEN ZUM PANKEPARK
CHAUSSEESTRAßE
CAROLINE-MICHAELIS-STRAßE
STRELITZER STRAßE
ANKLAMER STRAßE
JULIE-WOLFTHORN-STRAßE
BERGSTRAßE
NORDBAHNHOF
INVALIDENSTRAßE
STEEGERSTRAßE
RETTIGWEG
BREHMESTRAßE

CORRIDA E TREINO

Como muita coisa na Berlim do pós-guerra, o passado de corridas da cidade, até a reunificação, consiste em duas linhas paralelas e diferentes. Na verdade, o esporte do ciclismo nunca conquistou a Alemanha do mesmo modo que cativou a Bélgica ou a França, mas nos anos da RDA (Alemanha Oriental), o partido do governo considerava o esporte uma arma de propaganda – tanto para aumentar o moral da massa quanto para mostrar superioridade no exterior –, e o ciclismo figurou impávido sob os holofotes. A Corrida da Paz nasceu em 1948 e, a partir de 1950, incluiu Berlim nas paradas de cada etapa em capitais comunistas (as outras eram Varsóvia e Praga). Depois, a corrida se firmou como a principal do bloco soviético e foi disputada pela última vez em 2006, anos depois da queda do comunismo. Não existiam atletas "profissionais" na Alemanha Oriental, e quando os ciclistas ocidentais atravessaram a Cortina de Ferro para competir (o escocês Ian Steel venceu em 1952), eles sentiram que os "amadores" alemães-orientais receavam os atletas profissionais, mas eram bem treinados e mantidos pelo Estado. Como muitos deles não podiam sair do país nem competir em corridas profissionais, seu impacto na modalidade foi limitado.

Todavia, ainda que fosse um país tão pequeno, a Alemanha Oriental conquistou um número impressionante de medalhas olímpicas (embora, infelizmente, tenha sido revelada mais tarde uma história de experiências químicas e de doping endossadas pelo Estado em muitos dos esportes alemães-orientais). Quando o Muro de Berlim caiu, esses amadores de alta classe correram para o mercado profissional. Os astros do ciclismo Jens Voigt, Jan Ullrich e Erik Zabel foram alguns daqueles que cresceram no sistema educacional centrado no esporte e sobreviveram a ele. Também em Berlim ficava o Institut für Forschung und Entwicklung von Sportgeräten (FES), centro estatal de pesquisa e desenvolvimento de equipamento esportivo. O FES criou o primeiro aro de bicicleta de carbono, e a equipe nacional alemã até hoje compete com as bicicletas feitas pelo instituto. Na vizinha Zossen encontra-se o **Radsport-Museum Wünsdorf**, que homenageia a história ciclística da Alemanha Oriental. Abarrotado de objetos de recordação e bicicletas antigas, o museu se situa a cerca de 40km do centro da cidade, uma distância que dá para pedalar. Veja na seção "Sites e endereços" *(p. 48)* o percurso e outros trajetos de treino fora de Berlim.

Zossen também foi o ponto de partida e de chegada da Rund um Berlin, a mais antiga corrida de bicicletas da Alemanha, que dava uma volta completa na capital. Realizada pela primeira vez em 1896, a corrida teve como vencedores os maiores nomes do ciclismo alemão – só dois estrangeiros a conquistaram. Sua despedida foi em 2008, mas Erik Zabel, berlinense altivo, criou recentemente a ProRace, corrida de estrada incipiente já vencida por Marcel Kittel e André Greipel. Sem ser exatamente uma reedição da Rund, a ProRace ocorre em julho como parte do **Velothon Berlin**, no qual amadores correm por um circuito fechado de ruas através do Portão de Brandemburgo, passando também por outros pontos turísticos da capital. Além de Zabel e Jens Voigt, que ainda mora em Berlim e pertence ao prestigioso clube ciclístico **Berliner TSC**, a corrida conta com atletas como Paul Martens, que cresceu na cidade, e, do outro lado do Muro, com os berlinenses-orientais, que podem enumerar entre suas estrelas Jürgen Geschke, Gustav-Adolf "Täve" Schur e Volker Winkler. Ainda hoje Berlim é o lar da elite das pistas no país: Maximilian Levy, Robert Förstemann e Robert Bartko vivem na região, e a **Berlin Six Day**, realizada em janeiro, é uma comemoração do ciclismo de pista regada a cerveja. Em 1987, o Tour de France partiu de Berlim Ocidental, à sombra do Portão de Brandemburgo, e os organizadores do Giro d'Italia têm confabulado para fazer uma largada em Berlim antes de 2020.

Para treinar, Berlim é tão grande que, se você quiser um percurso curto, é melhor permanecer dentro dos limites da cidade – costuma-se pedalar pelas pistas do **Tempelhofer Freiheit**, ex-aeroporto transformado em parque público. Se você quiser ir mais longe, a floresta Grunewald, a sudoeste, pode ser um começo. Muitos clubes locais encontram-se na ponta oeste do Spanische Allee aos sábados: o passeio lento começa às 9h30, e o rápido, às 10h – talvez você veja Jens por lá. Uma boa alternativa de passeios fáceis ou rápidos são os RTFs *(Radtourenfahrten)*, em que grupos de 40 a 100 pessoas saem em alguma direção num percurso de 80 a 180km. A meta é cada um carimbar o seu cartão em diferentes zonas de alimentação no caminho – assim, a rigor, não se trata de uma corrida, e você pode escolher os companheiros de passeio de acordo com o estado físico das suas pernas.

Para reposição de peças e consertos, a **Radsport Heinze** é uma loja tradicional entre Neukölln e Treptow, comandada há três gerações pela família Heinze, especializada em peças e bicicletas italianas. A **Rad-Kreuz**, em Kreuzberg, é boa para calçados e equipamento e forte em ciclocross, além de ter contado entre seus funcionários com o ex-campeão alemão Philipp Walsleben. Ambas as lojas, embora não sejam locadoras,

talvez possam conseguir uma bicicleta para você. Como alternativa, tente a **Pino Touren** para a sua Velothon. Por outro lado, um pouco fora do centro da cidade, a **Villa Pasculli,** linda bicicletaria que serve um bom café, é um ponto ideal para descansar depois de passear pela Grunewald, assim como o **Café Médoc**. No centro da cidade, os corredores quase sempre vão ao **Giro d'Espresso**, um italiano autêntico em Charlottenburg, para se reunir antes ou depois do treino.

INFORMAÇÕES ESSENCIAIS

Em Berlim, ciclismo é coisa de gente civilizada. Veja estas orientações para você rodar sempre macio.

GUIA DE ETIQUETA DO CICLISTA

- Sempre indique aonde vai, para que aqueles que vêm atrás saibam que você está reduzindo a velocidade e vai mudar de direção.
- A maioria das ciclovias é integrada ao espaço da calçada, não à rua – tenha atenção redobrada com os pedestres.
- Do mesmo modo, não caminhe por ciclovias – os pedestres berlinenses já aprenderam a deixar o caminho livre para os ciclistas.
- Pedale pelo lado direito da ciclovia, para que outros ciclistas possam ultrapassar pela esquerda.
- Em geral, todos param no sinal vermelho.
- Se você estiver com uma bicicleta sem marcha, por lei, ela deve ter freios de mão. Sabe-se de casos em que policiais pararam a bicicleta e multaram o ciclista – ou até confiscaram a bicicleta.

SEGURANÇA

Berlim é uma cidade segura para andar de bicicleta. As ruas largas costumam ter ciclovias, e os motoristas, ao cruzá-las, em geral prestam atenção nos ciclistas e os deixam passar. Mesmo assim:

- Esteja sempre consciente do sentido do tráfego, pois algumas ciclovias levam os ciclistas de um espaço exclusivo para um espaço compartilhado, sem grande aviso, sobretudo próximo de semáforos.
- Os táxis de Berlim transitam de modo errático e rápido; atenção com eles.
- Cuidado com os trilhos de bonde, que podem prender a roda e são escorregadios quando molhados. Como a rede de bondes de Berlim é menos extensa que a de Amsterdã, por exemplo, é quase uma surpresa cruzar com um bonde ruidoso.

RISCOS

Berlim, como muitas cidades, sofre com o roubo de bicicletas. Não deixe a bicicleta sem prendê-la com cadeado, mesmo que apenas por um minuto. Uma bicicleta alugada deve vir com corrente e cadeado, e recomendamos usá-los para imobilizá-la num lugar bem firme, caso você a deixe sozinha. Se estiver com uma bicicleta cara, é imprescindível usar um bom cadeado e até pensar em travar as duas rodas, para que os ladrões oportunistas procurem um alvo mais fácil. Imite os ciclistas da cidade: se não vir bicicletas estacionadas ao redor, é provável que não seja um bom lugar para deixar a sua.

LOCALIZE-SE

Há um bom sistema de sinalização nas rotas de bicicleta em Berlim, e, depois que você assimilar a geografia básica da cidade, as placas de ruas também serão úteis. Com muitas ruas longas e retas, é fácil percorrer uma grande distância rapidamente, sem parar muito para consultar o mapa. As estações do U-Bahn e do S-Bahn são relativamente espaçadas em comparação com as de outras cidades, mas são ótimos pontos de referência.

ALUGUEL DE BICICLETAS

Berlim está cheia de locadoras de bicicletas, e muitos hotéis e albergues também as alugam. Se não lhe agradarem, há lojas em quase todas as ruas, mesmo fora das áreas turísticas. Recomendamos a **Faltrad Direktor**, em Charlottenburg, ou a **Berlin on Bike** *(p. 18)*, na Kulturbrauerei, em Prenzlauer Berg, que também oferece passeios.

Assim como outras cidades alemãs, Berlim tem um sistema municipal de aluguel de bicicletas chamado **Call A Bike**, gerido pela Deutsche Bahn; você verá as bicicletas vermelhas em estações espalhadas pela capital. Depois de se registrar (por telefone ou pela internet – por telefone é mais fácil, pois a maioria dos alemães fala um bom inglês e o site está apenas em alemão), siga as instruções diretas na tela da estação de bicicletas. Se você viaja com frequência para cidades alemãs, talvez seja melhor se inscrever no sistema. Custa 80 centavos de euro por minuto, até o máximo de €15 por dia. Mas se você só vai passar as férias em Berlim, é mais conveniente alugar a bicicleta em outro lugar.

TRANSPORTE PÚBLICO

É proibido levar bicicletas nos ônibus alemães. Porém, comprando um bilhete de bicicleta, você pode entrar com ela no U-Bahn e no S-Bahn. No U-Bahn, elas não são permitidas das 6h às 9h e das 14h às 17h, mas no S-Bahn não há restrição de horário. Os vagões que as levam têm o desenho de uma bicicleta na janela, e o máximo são duas por vagão.

VIAGEM A BERLIM COM BICICLETA

Berlim, por se localizar bem no leste da Europa, não conta com o serviço exemplar dos trens internacionais da Europa Ocidental. Embora existam linhas noturnas para Amsterdã, Paris, Zurique, Viena e Budapeste, as linhas diárias para oeste tendem a ser conexões com a rede internacional em Colônia. Você pode chegar a Colônia partindo do Reino Unido em trens da **Eurostar** (via Bruxelas) e da **Thalys**. Nos da Eurostar, a partir de 2013 você deve embalar a sua bicicleta e enviá-la como bagagem registrada. Custa £10 em um sentido pelo serviço "Turn Up and Go", no qual você deixa a bicicleta ensacada num balcão do saguão de embarque.

Nos trens alemães de alta velocidade, ICE (veja no site da **Deutsche Bahn**), não se pode levar bagagem de mão com mais de 85cm em qualquer dimensão, o que praticamente elimina qualquer bicicleta não dobrável. Você pode levar a bicicleta ensacada nos trens mais lentos Intercity (IC) e Eurocity (EC), que também permitem que você entre rolando a bicicleta, se pagar a reserva de espaço. É melhor pôr a bicicleta num saco nos trens de qualquer outro país com destino à Alemanha e depois recorrer a um trem mais lento que saia de Colônia, caso você pretenda fazer esse itinerário para Berlim.

Em algum momento de 2014, será inaugurado o tão adiado **Aeroporto Willy Brandt de Brandemburgo**, substituindo os aeroportos Tegel e Schönefeld. Ele se encontra 18km ao sul do centro da cidade. Como Tegel e Schönefeld estão à mesma distância, quando não mais próximos, você pode sair de todos eles de bicicleta, se quiser se aventurar. Há ciclovias perto dos aeroportos existentes, e não deve ser difícil chegar ao centro, mas recomendamos comprar um mapa muito bom para voltar ao aeroporto, a fim de não perder o avião.

SITES E ENDEREÇOS

Anti-Kriegs-Museum
Brüsseler Straße 21, 13353
anti-kriegs-museum.de

Apartment
Memhardstraße 8, 10178B
apartmentberlin.de

Arena
Eichenstraße 4, 12435
arena-berlin.de

Art + Industry
Bleibtreustraße 40, 10623
aiberlin.de

Babanbè
Tucholskystraße 18-20, 10117
babanbe.com

Babette
Karl-Marx-Allee 36, 10178
barbabette.com

Badeschiff
Eichenstraße 4, 12435
arena-berlin.de/badeschiff

Barcomi's
Bergmannstraße 21, 10961
barcomis.de

Barini
Böhmische Straße 46, 12055
barini-nk.de

Bar 3
Weydingerstraße 20, 10178

Bateau Ivre
Core Tex Records 18, 10997

Bauhaus-Archiv
Klingelhöferstraße 14, 10785
bauhaus.de

Bellman
Reichenberger Straße 103, 10999

Berliner Philharmonie
Herbert-von-Karajan-Straße 1, 10785
berliner-philharmoniker.de

Berliner TSC
Paul-Heyse-Straße 25, 10407
berlinertsc.de

Berliner Unterwelten
Brunnenstraße 105, 13355
berliner-unterwelten.de

Berlinische Galerie
Alte Jakobstraße 124, 10969
berlinischegalerie.de

Betahaus
Prinzessinnenstraße 19-20, 10969
betahaus.de

Biblioteca de Luisenbad
Travemünder Straße 2, 13357
berlin.de/citybibliothek

Bonanza Coffee Heroes
Oderberger Straße 35, 10435
bonanzacoffee.de

Brandenburger Tor
Pariser Platz, 10117
berlin.de

Bücherbogen am Savignyplatz
Stadtbahnbogen 593, 10623
buecherbogen.com

Buchhandlung Walther König
Burgstraße 27, 10178
buchhandlung-walther-koenig.de

Buchstabenmuseum
Karl-Liebknecht-Straße 13, 10178
buchstabenmuseum.de

Bully's Bakery
Friedelstraße 7, 12047
bullysbakery.com

Café Das Muntermacher
Suarezstraße 46, 14057
das-muntermacher.de

Café Médoc
Am Fuchsbau 33, 14532
cafemedoc.de

Café Moskau
Karl-Marx-Allee 34, 10178
cafemoskau.com

Café Opernpalais
Unter den Linden 5-7, 10117

Charlottenburger Tor (mercado de pulgas)
Straße des 17. Juni 100, 10557
berliner-troedelmarkt.de

Checkpoint Charlie
Friedrichstraße 43-45, 10117
berlin.de

Clärchens Ballhaus
Auguststraße 24, 10117
ballhaus.de

Coffee Star
Müllerstraße 146, 13353
coffeestar.net

Cocolo
Gipsstraße 3, 10119
oliverprestele.de

Dachkammer
Simon-Dach-Straße 39, 10245
dachkammer.com

DDR Museum
Karl-Liebknecht-Straße 1, 10178
ddr-museum.de

Direktorenhaus
Am Krögel 2, 10179
direktorenhaus.com

Do You Read Me?!
Auguststraße 28, 10117
doyoureadme.de

East London
Mehringdamm 33, 10961
eastlondon.de

East Side Gallery
Mühlenstraße, 10243
eastsidegallery.com

Fernsehturm
Panoramastraße 1a, 10178
tv-turm.de

Fleischmöbel Bar
Oderberger Straße 2, 10435

Franz & Josef
Kastanienallee 48, 10119

Freibad Plötzensee
Nordufer 26, 13351
strandbad-ploetzensee.de

Freischwimmer
Vor dem Schlesischen Tor 2a, 10997
freischwimmer-berlin.com

Galerie Camera Work
Kantstraße 149, 10623
camerawork.de

Galerie Christian Nagel
Weydingerstraße 2/4, 10178
galerie-nagel.de

Galerie Max Hetzler
Oudenarder Straße 16-20, 13347
maxhetzler.com

Gartenkolonie Freudental
Dubliner Straße, 13349

Gestalten Space
Sophienstraße 21, 10178
gestalten.com/space

Giro d'Espresso
Knobelsdorffstraße 47, 14059
giro-despresso.de

Goo
Oderberger Straße 45, 10435
paulsboutiqueberlin.de

Goodies
Warschauer Straße 69, 10243
goodies-berlin.de

Gottlob
Akazienstraße 17, 10823

Green Door
Winterfeldtstraße 50, 10781
greendoor.de

Hamburger Bahnhof
Invalidenstraße 50, 10557
hamburgerbahnhof.de

Hausbrauerei Eschenbräu
Triftstraße 67, 13353
eschenbraeu.de

Heimat
Kastanienallee 13-14, 10435
heimat-berlin.eu

Il Casolare
Grimmstraße 30, 10967

Johann Rose
Pannierstraße 41, 12047
johannrose.de

Jolesch
Muskauer Straße 1, 10997
jolesch.de

KaDeWe
Tauentzienstraße 21-24, 10789
kadewe.de

Kaffeehaus Sowohlalsauch
Kollwitzstraße 88, 10435
tortenundkuchen.de

Kaiser-Wilhelm-
-Gedächtniskirche
Breitscheidplatz, 10789
gedaechtniskirche-berlin.de/KWG

KaterHolzig
Michaelkirchstraße 23, 10179
katerholzig.de

Käthe Kollwitz Museum
Fasanenstraße 24, 10719
kaethe-kollwitz.de

Kaufbar
Gärtnerstraße 4, 10245
kaufbar-berlin.de

Korea Haus
Nazarethkirchstraße 45, 13345

Kühn Keramik
Yorckstraße 18, 10965
kuehn-keramik.com

Kulturbrauerei
Schönhauser Allee 36, 10435
kulturbrauerei.de

Kulturforum
Matthäikirchplatz, 10785
kulturforum-berlin.de

Kunsthaus Tacheles
Oranienburger Straße 54, 13437
kunsthaus-tacheles.de

Le Gang
Kastanienallee 75, 10435
legang.de

Lindengarten
Nordufer 15, 13353
lindengarten-wedding.de

Literaturhaus
Fasanenstraße 23, 10719
literaturhaus-berlin.de

Liv Emaille
Pappelallee 82, 10437
emaille-shop.de

Martin-Gropius-Bau
Niederkirchnerstraße 7, 10963
gropiusbau.de

Mauerpark
Gleimstraße 55, 10437
mauerpark.info

Me Collectors Room
Auguststraße 68, 10117
me-berlin.com

Meierei
Kollwitzstrasse 42, 10405
meierei.net

Melting Point
Kastanienallee 55, 10119

Memorial aos Judeus Mortos da Europa
Cora-Berliner-Straße 1, 10117
holocaust-mahnmal.de

Memorial do Muro de Berlim
Bernauer Straße 111, 13355
berliner-mauer-gedenkstaette.de

Memory Vintage
Schwedter Straße 2, 10119
memoryberlin.com

Modulor
Prinzenstraße 85, 10969
modulor.de

Molinari & Ko
Riemannstraße 13, 10961

Morena Bar
Wiener Straße 60, 10999

Museu Judaico
Lindenstraße 9-14, 10969
jmberlin.de

Museum der Dinge
Core Tex Records 25, 10999
museumderdinge.de

Museum für Fotografie
Jebensstraße 2, 10623
smb.museum

My Cheesecake
Ludwigkirchstraße 10, 10719
mycheesecake.de

Neue Nationalgalerie
Potsdamer Straße 50, 10785
neue-nationalgalerie.de

Neugerriemschneider
Linienstraße 155, 10115
neugerriemschneider.com

No Fire, No Glory!
Rykestraße 45, 10405
nofirenoglory.de

Nola's am Weinberg
Veteranenstraße 9, 10119
nola.de

optiKing
Eberswalder Straße 34, 10437
optiking.de

Paris Bar
Kantstraße 152, 10623
parisbar.net

Paul's Boutique
Oderberger Straße 47, 10435
paulsboutiqueberlin.de

Prater Garten
Kastanienallee 7-9, 10435
pratergarten.de

Prinzessinnengarten
Prinzessinnengarten, 10969
prinzessinnengarten.net

Pro QM
Almstadtstraße 48-50, 10119
pro-qm.de

Reichstag
Platz der Republik, 11011
bundestag.de

Rogacki
Wilmersdorfer Straße 145/146, 10585
rogacki.de

St Gaudy
Gaudystraße 1, 10437
gaudycafe.com

Sammlung Scharf-Gerstenberg
Schloßstraße 70, 14059
smb.museum

Sankt Oberholz
Rosenthaler Straße 72a, 10119
sanktoberholz.de

Schloß Bellevue
Spreeweg 1, 10557
berlin.de

Schloss Charlottenburg
Spandauer Damm 20-24, 14059
spsg.de

Schwarzes Café
Kantstraße 148, 10623
schwarzescafe-berlin.de

Schwarzwaldstuben
Tucholskystraße 48, 10117
schwarzwaldstuben-berlin.com

Sing Blackbird
Sanderstraße 11, 12047
singblackbird.com

Singuhr-Hörgalerie
Danziger Straße 101, 10405
singuhr.de

Solar
Stresemannstraße 76, 10963
solarberlin.com

SO36
Core Tex Records 190, 10999
so36.de

Sportantiquariat Matthias Drummer
Wilmersdorfer Straße 10, 10585
sportantiquariat.de

Stattbad Wedding
Gerichtstraße 65, 13347
stattbad.net

Stiftung Haus der Geschichte der BRD
Knaackstraße 97, 10435
hdg.de/berlin

Strandbad-Mitte
Kleine Hamburger Straße 16, 10117
strandbad-mitte.de

TassenKuchen
Malplaquetstrasse 33, 13347
tassenkuchen.com

Tausend
Schiffbauerdamm 11, 10117
tausendberlin.com

The Early Bird Hype
Rosa-Luxemburg-Straße 15, 10178
theearlybirdhype.net

Trödelmarkt Arkonaplatz
1 Arkonaplatz, 10435
troedelmarkt-arkonaplatz.de

Vanille & Marille
Hagelberger Straße 1, 10965
vanille-marille.de

White Trash
Schönhauser Allee 6-7, 10119
whitetrashfastfood.com

Who Killed Bambi?
Rosentahler Straße 69, 10119
whokilledbambi.org

Yuu Shop
Steinstraße 26, 10119
yuu-shop.de

Zoo Berlin
Hardenbergplatz 8, 10787
zoo-berlin.de

LOJAS, CLUBES, CORRIDAS E LOCAIS PARA CICLISMO

Se quiser links para rotas de corrida e treino, acesse **citycyclingguides.com**

Berlin on Bike
Knaackstraße 97, 10435
berlinonbike.de

Berlin Six Day
sechstagerennen-berlin.de

Call A Bike
callabike.de

Cicli Berlinetta
Schönfließer Straße 19, 10439
cicli-berlinetta.de

Faltrad Direktor
Goethestrasze 79, 10623
faltrad-direktor.de

Keirin Cycle Culture Café
Oberbaumstraße 5, 10997
keirinberlin.de

Pino Touren
Sigmaringer Straße 26, 10713
pinotouren.de

Rad-Kreuz
Hagelberger Straße 53, 10965
rad-kreuz.de

Radsport Heinze
Forsthausallee 26, 12437
radsport-heinze.de

Radsport-Museum Wünsdorf
Gutenbergstraße 1, 15806 Zossen

RTFs
rtf-guide.de

Tempelhofer Freiheit
tempelhoferfreiheit.de

Velothon Berlin
garmin-velothon-berlin.de

Villa Pasculli
Rheinstraße 45, 12161
pasculli.de

OUTROS SITES ÚTEIS

Brandenburg Willy Brandt Airport
berlin-airport.de

Deutsche Bahn
bahn.com

Eurostar
eurostar.com

Thalys
thalys.com

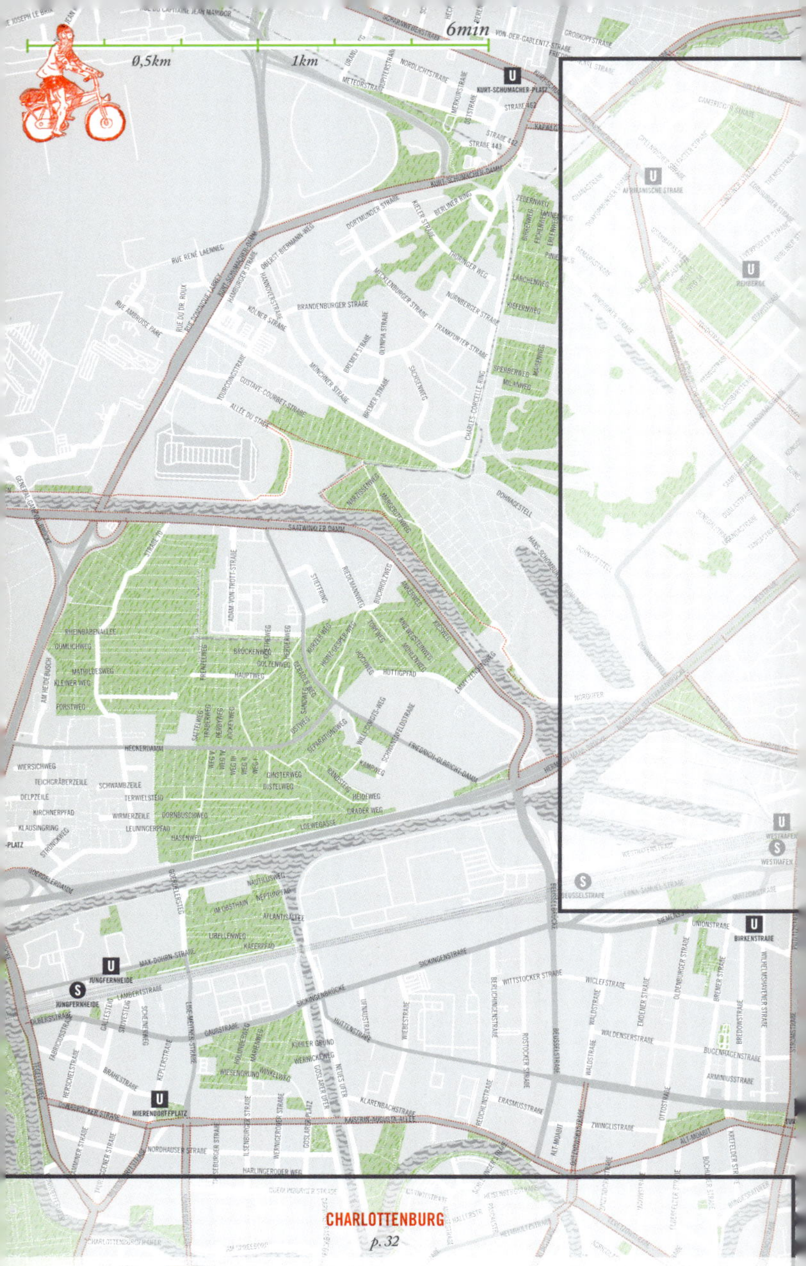
6min
0,5km
1km
KURT-SCHUMACHER-PLATZ
SCHARNWEBERSTRASSE
NORDLICHTSTRASSE
METEORSTRASSE
JUPITERSTRASSE
ORANIENBURGER STRASSE
KURT-SCHUMACHER-DAMM
BERLINER RING
DORTMUNDER STRASSE
KIELER STRASSE
THÜRINGER WEG
MECKLENBURGER STRASSE
NÜRNBERGER STRASSE
FRANKFURTER STRASSE
BRANDENBURGER STRASSE
OLYMPIA STRASSE
BREMER STRASSE
SACHSENWEG
MÜNCHNER STRASSE
CHARLES-CORCELLE-RING
HANNOVERSTRASSE
HAMBURGER STRASSE
KÖLNER STRASSE
OBERST-BIERMANN-WEG
RUE RENÉ LAENNEC
RUE AMBROISE PARÉ
RUE DU DR. ROUX
TOURCOINGSTRASSE
GUSTAVE-COURBET-STRASSE
ALLÉE DU STADE
ZEDERNWEG
BIRKENWEG
LÄRCHENWEG
KIEFERNWEG
SPERBERWEG
MILANWEG
AFRIKANISCHE STRASSE
REHBERGE
SAATWINKLER DAMM
DOHNAGESTELL
HANS-SCHOMBURG
ADAM-VON-TROTT-STRASSE
STIEFFRING
RIEDEMANNWEG
BUCHHOLZWEG
RHEINBABENALLEE
GUMLICHWEG
MATHILDESWEG
KLEINER WEG
FORSTWEG
AM HEIDEBUSCH
BRÜCKENWEG
GOLZENWEG
HAUPTWEG
HÜTTIGPFAD
HECKERDAMM
FRIEDRICH-OLBRICHT-DAMM
GINSTERWEG
DISTELWEG
HEIDEWEG
GRADER WEG
LOEWEGASSE
WIERSICHWEG
TEICHGRÄBERZEILE
SCHWAMBZEILE
DELPZEILE
TERWIELSTEIG
KIRCHNERPFAD
WIRMERZEILE
DORNBUSCHWEG
KLAUSINGRING
LEUNINGERPFAD
HASENWEG
NORDUFER
GOERDELERDAMM
NAUTILUSWEG
NEPTUNPFAD
IM OBSTHAIN
ATLANTISALLEE
LIBELLENWEG
KAEFERPFAD
MAX-DOHRN-STRASSE
JUNGFERNHEIDE
WESTHAFEN
WESTHAFENSTRASSE
BEUSSELSTRASSE
UNIONSTRASSE
BIRKENSTRASSE
SICKINGENSTRASSE
SICKINGENBRÜCKE
WITTSTOCKER STRASSE
WICLEFSTRASSE
BERLICHINGENSTRASSE
HUTTENSTRASSE
UFNAUSTRASSE
WIEBESTRASSE
ROSTOCKER STRASSE
WALDSTRASSE
EMDENER STRASSE
OLDENBURGER STRASSE
BREMER STRASSE
WILHELMSHAVENER STRASSE
BREDOWSTRASSE
WALDENSERSTRASSE
BUGENHAGENSTRASSE
ARMINIUSSTRASSE
ZWINGLISTRASSE
ALT-MOABIT
OTTOSTRASSE
ERASMUSSTRASSE
REUCHLINSTRASSE
KLARENBACHSTRASSE
KAISERIN-AUGUSTA-ALLEE
MIERENDORFFPLATZ
KEPLERSTRASSE
BRAHESTRASSE
HERSCHELSTRASSE
FABRICIUSSTRASSE
GAUSSSTRASSE
LAMBERTSTRASSE
GALILEISTRASSE
KÜHLER GRUND
WERNICKEWEG
WIESENGRUND
WINKELWEG
NEUES UFER
GOSLARER UFER
GOSLARER PLATZ
WERNIGERODER STRASSE
ILSENBURGER STRASSE
NORDHAUSER STRASSE
HARLINGERODER WEG
ALT-MOABIT
BOCHUMER STRASSE
KREFELDER STRASSE
CHARLOTTENBURG
p. 32

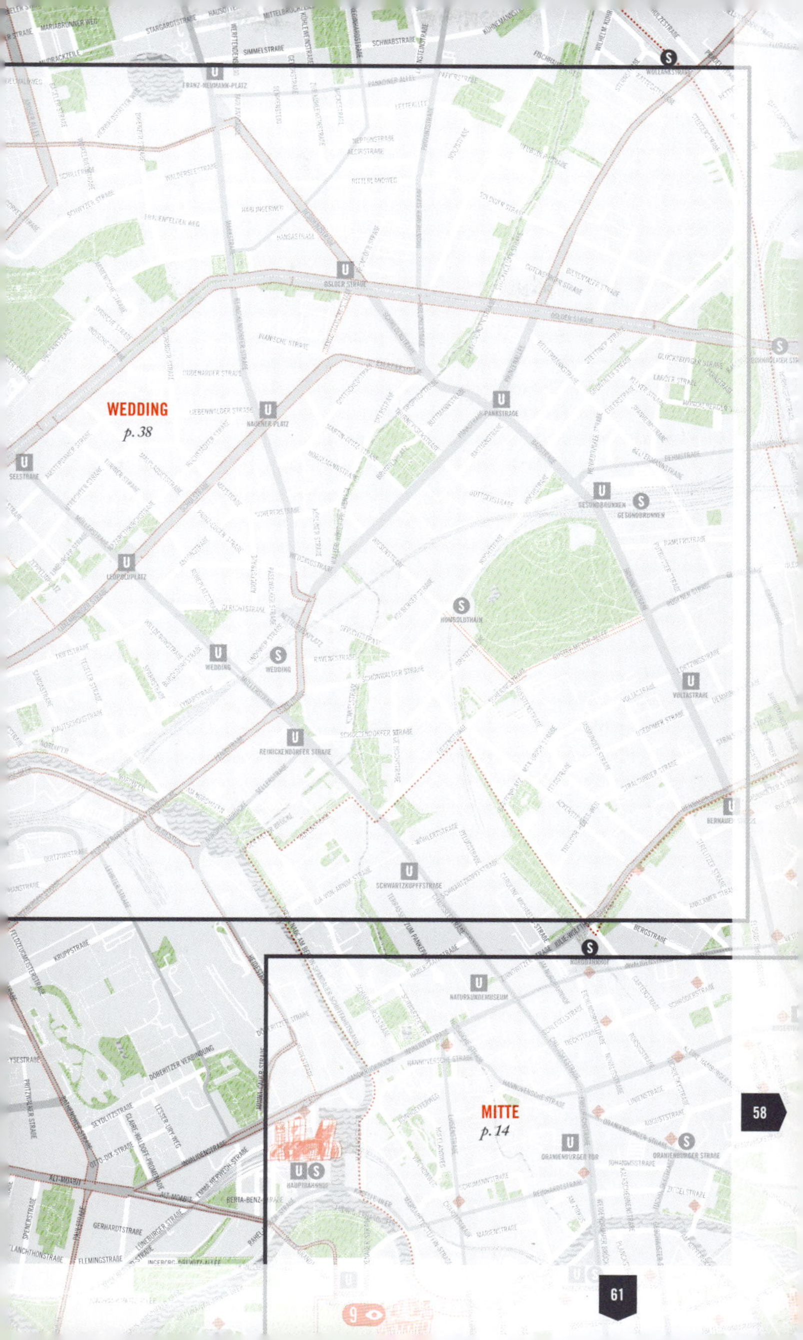
WEDDING
p. 38
MITTE
p. 14
58
61
FRANZ-NEUMANN-PLATZ
OSLOER STRASSE
PANKSTRASSE
NAUENER PLATZ
SEESTRASSE
LEOPOLDPLATZ
WEDDING
GESUNDBRUNNEN
HUMBOLDTHAIN
VOLTASTRASSE
REINICKENDORFER STRASSE
SCHWARTZKOPFFSTRASSE
NORDBAHNHOF
NATURKUNDEMUSEUM
ORANIENBURGER TOR
ORANIENBURGER STRASSE
HAUPTBAHNHOF
BERGSTRASSE
ALT-MOABIT
DÖBERITZER VERBINDUNG
SEYDLITZSTRASSE
GERHARDTSTRASSE
FLEMINGSTRASSE
LÜNEBURGER STRASSE
AUGUSTSTRASSE
SCHWABSTRASSE
SIMMELSTRASSE
MARIABRUNNER WEG

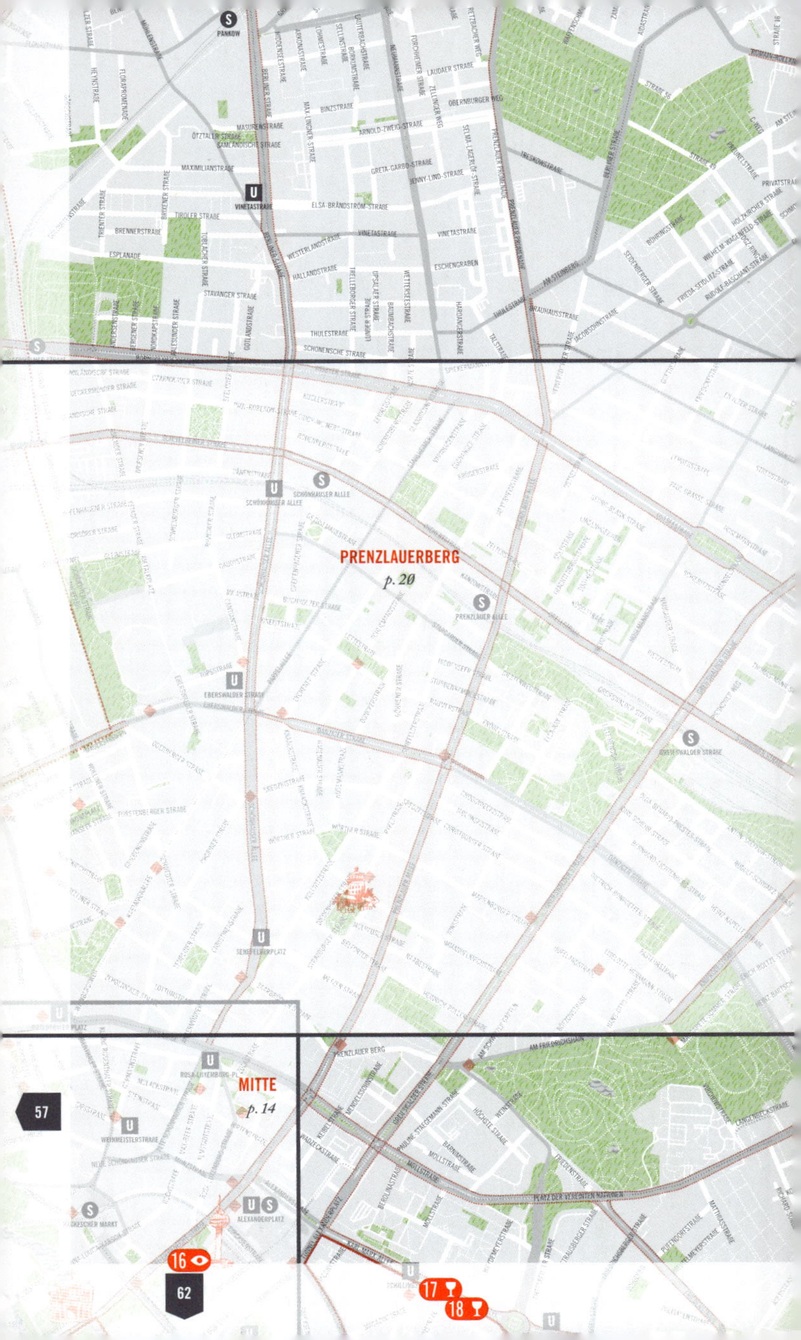
PANKOW
VINETASTRAßE
PRENZLAUERBERG
p. 20
SCHÖNHAUSER ALLEE
PRENZLAUER ALLEE
EBERSWALDER STRAßE
GREIFSWALDER STRAßE
SENEFELDERPLATZ
MITTE
p. 14
ROSA-LUXEMBURG-PL.
WEINMEISTERSTRAßE
ALEXANDERPLATZ
57
62
16
17
18
BERLINER STRAßE
MASURENSTRAßE
BINZSTRAßE
ARNOLD-ZWEIG-STRAßE
GRETA-GARBO-STRAßE
JENNY-LIND-STRAßE
ELSA-BRÄNDSTRÖM-STRAßE
VINETASTRAßE
ESCHENGRABEN
HALLANDSTRAßE
THULESTRAßE
SCHONENSCHE STRAßE
MAXIMILIANSTRAßE
TIROLER STRAßE
BRENNERSTRAßE
ESPLANADE
STAVANGER STRAßE
GOTLANDSTRAßE
LAUDAER STRAßE
OBERNBURGER WEG
PRENZLAUER PROMENADE
IBSENSTRAßE
BRAUHAUSSTRAßE
AM STEINBERG
JACOBSOHNSTRAßE
PRIVATSTRAßE
ALEXANDERSTRAßE
PLATZ DER VEREINTEN NATIONEN
KARL-MARX-ALLEE
MOLLSTRAßE
BERLINASTRAßE
FRIEDENSTRAßE
BARNIMSTRAßE
HÖCHSTE STRAßE
WEINSTRAßE
MENDELSSOHNSTRAßE
GREIFSWALDER STRAßE
MATTHIASSTRAßE
PUFENDORFSTRAßE
LANDSBERGER ALLEE
AM FRIEDRICHSHAIN

6min
0,5km
1km
NÜBLERSTRASSE
GEHRINGSTRASSE
LIEBERMANNSTRASSE
FELDTMANNSTRASSE
AN DEN FELDTMANNGÄRTEN
PERLER STRASSE
WAXWEILER WEG
KYLLBURGER WEG
HANSASTRASSE
NEUZELLER WEG
DROSSENER STRASSE
KÖNIGSWALDER STRASSE
RACKWITZER
TAMSELER STRASSE
GERZLOWER STRASSE
PESPORTER STRASSE
BRODENBACHER WEG
NEUMAGENER STRASSE
BERNKASTELER STRASSE
GRAACHER STRASSE
WEHLENER STRASSE
CASELER STRASSE
TRIERER STRASSE
FALKENBERGER STRASSE
BUSCHALLEE
ELSE-JAHN-STRASSE
STOLZENFELSER STRASSE
WEGENERSTRASSE
SULZFELDSTRASSE
BERTASTRASSE
AUGUSTASTRASSE
MARIE-LUISE-STRASSE
ANNEMARIESTRASSE
ELSASTRASSE
SABINENSTEIG
GERTRUDSTRASSE
NIEHOFER STRASSE
KONRAD-WOLF-STRASSE
KATHESTRASSE
WALDOWSTRASSE
FRIEDRICHSTRASSE
CHAMERSTRASSE
MANETSTRASSE
ORANKESTRASSE
ROEDERNSTRASSE
SCHÖNEICHER STRASSE
BAHNHOFSTRASSE
WRIEZENER STRASSE
FREIENWALDER STRASSE
GENSLERSTRASSE
LICHTENAUER
KÜSTRINER STRASSE
GROSE-LEEGE-STRASSE
NEUSTRELITZER STRASSE
SIMON-BOLIVAR-STRASSE
ZECHLINER STRASSE
GENSLER STRASSE
HEILIGENSTADTER STRASSE
SANDINOSTRASSE
BERKENBRÜCKER STEIG
ALTENHOFER STRASSE
PISTORIUSSTRASSE
BERLINER ALLEE
ALBERTINENSTRASSE
LINDENALLEE
BIZETSTRASSE
GOUNODSTRASSE
CHOPINSTRASSE
OTTO-BRAHM-STRASSE
BENFELDER STRASSE
MEYERBEERSTRASSE
PUCCINISTRASSE
KNIPRODESTRASSE
FRITZ-LESCH-STRASSE
GRENZSTRASSE
HAUPTSTRASSE
HOHENSCHÖNHAUSER STRASSE
OTTO-MARQUARDT-STRASSE
HERBERT-TSCHÄPE-STRASSE
LANDSBERGER ALLEE
VULKANSTRASSE
REINHARDSBRUNNER STRASSE
ANTON-SAEFKOW-PLATZ
WEISSENSEER WEG
KARL-LADE-STRASSE
PAUL-JUNIUS-STRASSE
HERZBERGSTRASSE
ELLI-VOIGT-STRASSE
BERNHARD-BÄSTLEIN-STRASSE
PAUL-ZOBEL-STRASSE
AM WASSERWERK
SIEGFRIEDSTRASSE
MÖLLENDORFFSTRASSE
ALFRED-JUNG-STRASSE
JOSEF-ORLOPP-STRASSE
STRASSE 15
LOEPERPLATZ
ERICH-KUTTNER-STRASSE
GUSTAV-ZAHNKE-STRASSE
MAX-BRUNNOW-STRASSE
STORKOWER STRASSE
RUDOLF-SEIFFERT-STRASSE
FRANZ-JACOB-STRASSE
ERICH-NEHLHANS-STRASSE
ZUR RINDERAUKTIONSHALLE
ZUR MARKTFLAGGE
ZUR BÖRSE
NEUE WELT
JAMES-HOBRECHT-STRASSE
OLEANDERSTRASSE
SIGRIDSTRASSE
MAIGLÖCKCHENSTRASSE
STELLER WEG
GLASSITWEG

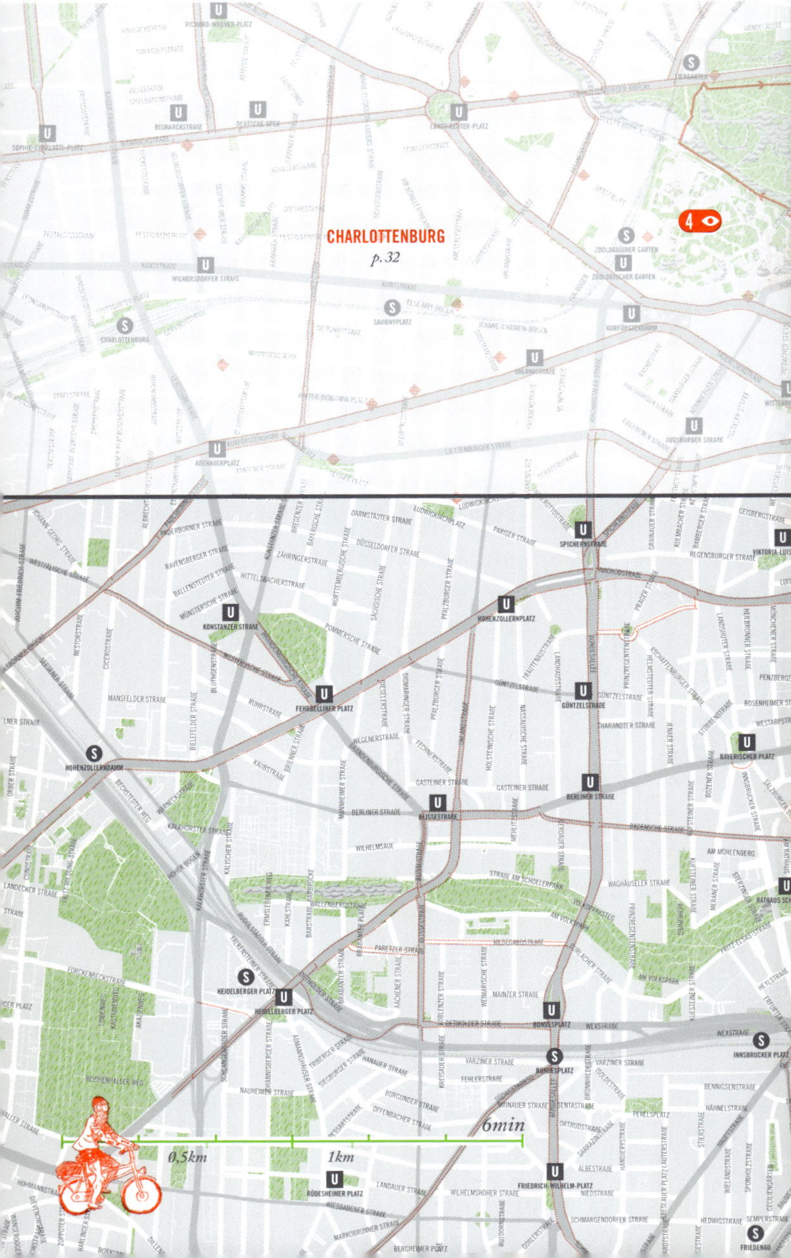
CHARLOTTENBURG
p. 32
4
RICHARD-WAGNER-PLATZ
BISMARCKSTRAßE
DEUTSCHE OPER
SOPHIE-CHARLOTTE-PLATZ
ERNST-REUTER-PLATZ
TIERGARTEN
ZOOLOGISCHER GARTEN
WILMERSDORFER STRAßE
SAVIGNYPLATZ
CHARLOTTENBURG
KURFÜRSTENDAMM
UHLANDSTRAßE
AUGSBURGER STRAßE
ADENAUERPLATZ
SPICHERNSTRAßE
VIKTORIA-LUISE-PLATZ
HOHENZOLLERNPLATZ
KONSTANZER STRAßE
FEHRBELLINER PLATZ
GÜNTZELSTRAßE
BAYERISCHER PLATZ
HOHENZOLLERNDAMM
BERLINER STRAßE
BLISSESTRAßE
RATHAUS SCHÖNEBERG
HEIDELBERGER PLATZ
BUNDESPLATZ
INNSBRUCKER PLATZ
FRIEDRICH-WILHELM-PLATZ
RÜDESHEIMER PLATZ
FRIEDENAU
6min
0,5km
1km

57
14
13
9
10
11
MITTE
p. 14
62
6
7
8
3
12
KREUZBERG & KREUZKÖLLN
p. 26
BRANDENBURGER TOR
FRANZÖSISCHE STRAßE
HAUSVOGTEIPLATZ
POTSDAMER PLATZ
STADTMITTE
KOCHSTRAßE
MENDELSSOHN-BARTHOLDY-PARK
ANHALTER BAHNHOF
KURFÜRSTENSTRAßE
NOLLENDORFPLATZ
BÜLOWSTRAßE
GLEISDREIECK
MÖCKERNBRÜCKE
HALLESCHES TOR
MEHRINGDAMM
YORCKSTRAßE
YORCKSTRAßE (S1)
KLEISTPARK
JULIUS-LEBER-BRÜCKE
PLATZ DER LUFTBRÜCKE
PARADESTRAßE
SÜDKREUZ
TEMPELHOF
STRAßE DES 17. JUNI
TIERGARTENSTRAßE
POTSDAMER STRAßE
PALLASSTRAßE
GOEBENSTRAßE
KOLONNENBRÜCKE
MONUMENTENBRÜCKE
TEMPELHOFER WEG
SACHSENDAMM

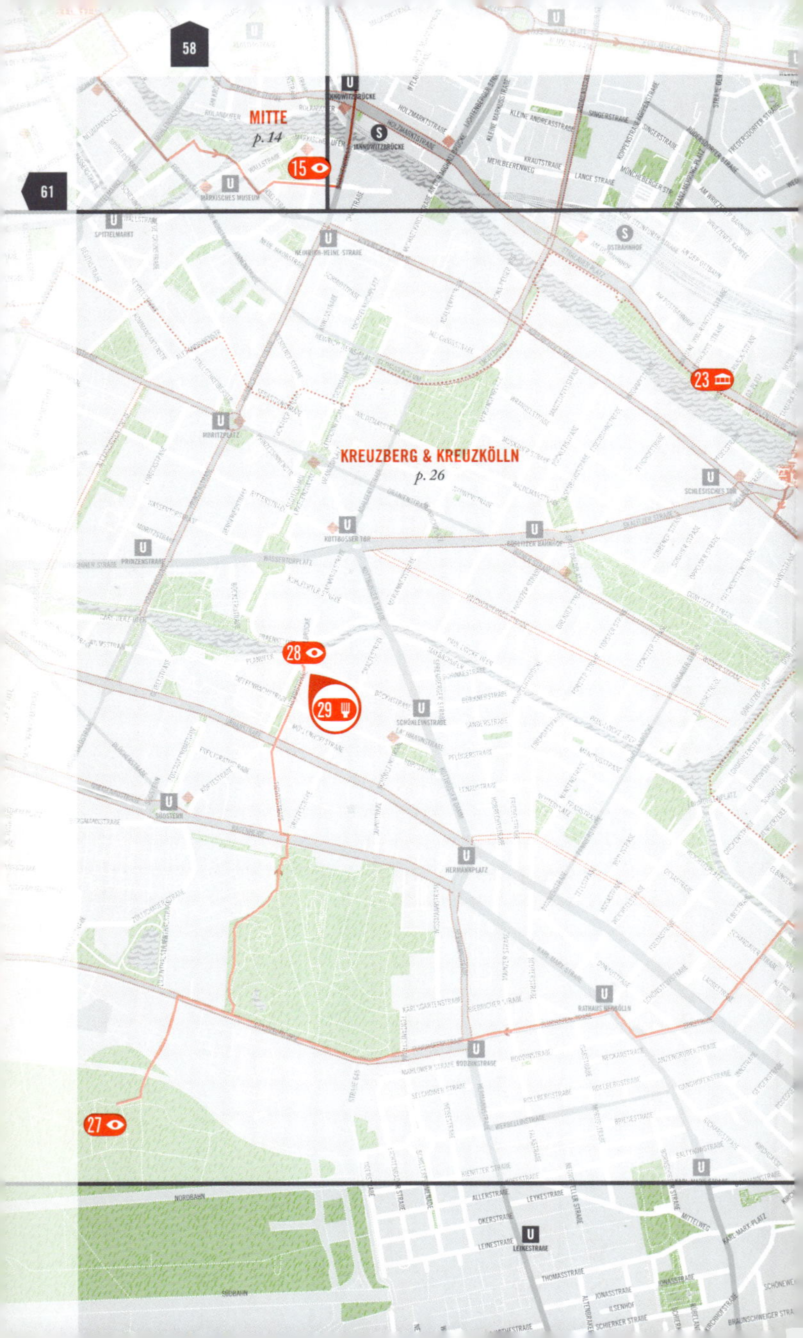

58
61
MITTE
p. 14
KREUZBERG & KREUZKÖLLN
p. 26
15
23
27
28
29
JANNOWITZBRÜCKE
MÄRKISCHES MUSEUM
SPITTELMARKT
HEINRICH-HEINE-STRASSE
OSTBAHNHOF
MORITZPLATZ
KOTTBUSSER TOR
GÖRLITZER BAHNHOF
SCHLESISCHES TOR
PRINZENSTRASSE
SCHÖNLEINSTRASSE
SÜDSTERN
HERMANNPLATZ
RATHAUS NEUKÖLLN
BODDINSTRASSE
LEINESTRASSE
NORDBAHN
SÜDBAHN

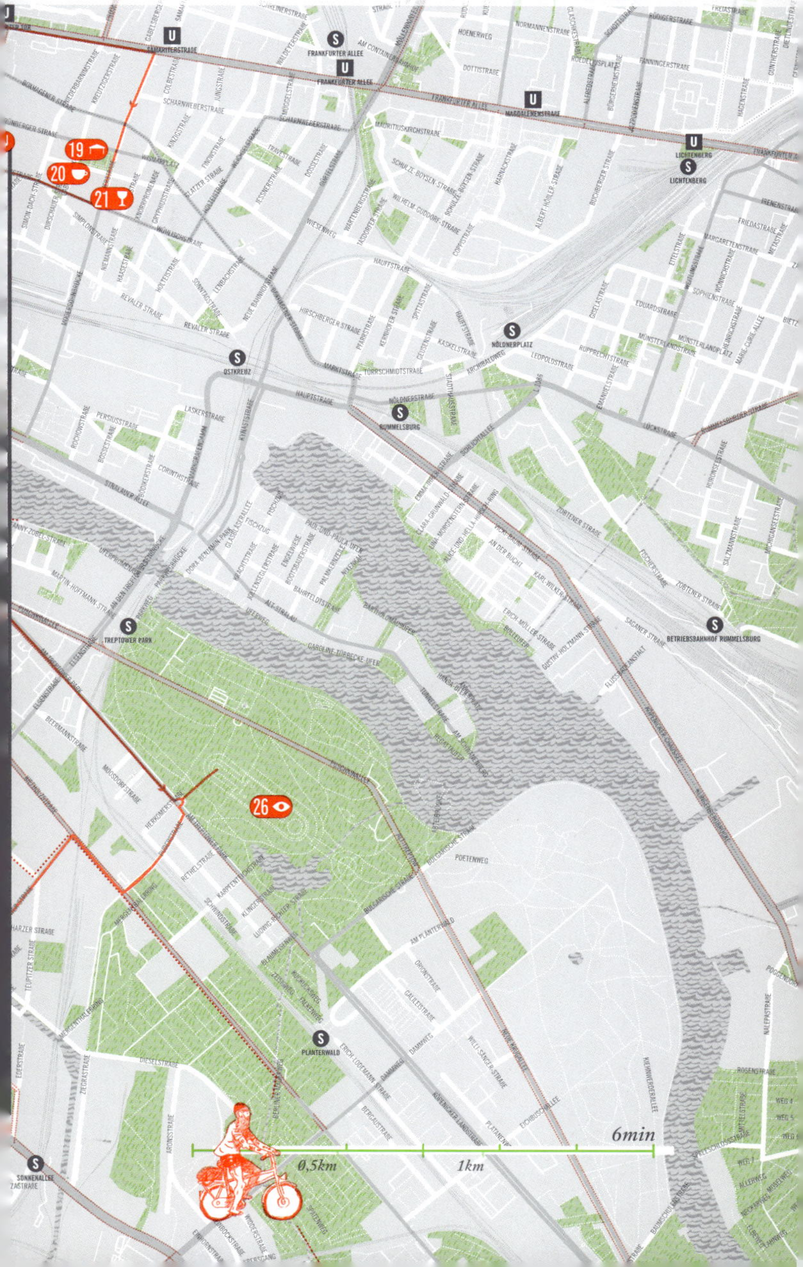

FRANKFURTER ALLEE
SAMARITERSTRASSE
MAGDALENENSTRASSE
LICHTENBERG
OSTKREUZ
NÖLDNERPLATZ
RUMMELSBURG
TREPTOWER PARK
BETRIEBSBAHNHOF RUMMELSBURG
PLANTERWALD
SONNENALLEE
19
20
21
26
HAUPTSTRASSE
MARKTSTRASSE
REVALER STRASSE
BOXHAGENER STRASSE
SCHARNWEBERSTRASSE
NORMANNENSTRASSE
ROEDELIUSPLATZ
FANNINGERSTRASSE
DOTTISTRASSE
HOENERWEG
MAURITIUSKIRCHSTRASSE
SCHULZE-BOYSEN-STRASSE
WILHELM-GUDDORF-STRASSE
HAUFFSTRASSE
HIRSCHBERGER STRASSE
KASKELSTRASSE
TÜRRSCHMIDTSTRASSE
LEOPOLDSTRASSE
RUPPRECHTSTRASSE
EDUARDSTRASSE
SOPHIENSTRASSE
MARGARETENSTRASSE
FRIEDASTRASSE
MÜNSTERLANDPLATZ
LASKERSTRASSE
PERSIUSSTRASSE
CORINTHSTRASSE
STRALAUER ALLEE
KYNASTSTRASSE
ALT-STRALAU
BAHRFELDTSTRASSE
GAROLINE-TÜBBECKE-UFER
ZOBTENER STRASSE
FISCHERSTRASSE
SAGANER STRASSE
ERICH-MÜLLER-STRASSE
KARL-WILKER-STRASSE
AN DER BUCHT
BEERMANNSTRASSE
MOOSDORFSTRASSE
HERKOMERSTRASSE
POETENWEG
AM PLÄNTERWALD
DAMMWEG
ERICH-LODEMANN-STRASSE
BERGAUSTRASSE
EICHBUSCHALLEE
KIEHNWERDERALLEE
ROSENSTRASSE
HARZER STRASSE
DIESELSTRASSE
ZIEGRASTRASSE
ARONSSTRASSE
6min
0,5km
1km

A Rapha, com sede em Londres, sempre foi defensora do ciclismo urbano – desde o teste de protótipos de camisetas nos serviços de entrega em bicicleta até a fabricação de uma ampla linha de produtos projetados especialmente para as necessidades do dia a dia de ciclistas. Além da loja on-line com produtos, filmes, fotos e histórias, a Rapha possui uma rede crescente de Cycle Clubs – locais pelo mundo afora onde os ciclistas podem desfrutar corridas, comida, bebida e produtos. É a fornecedora oficial dos uniformes da Team Sky, principal equipe de ciclismo do mundo.

Rapha®